ΟΙΚΟΝΟΜΙΚΩΝ
ΑΡΙΣΤΟΤΕΛΟΥΣ

아리스토텔레스 가정경제학

김재홍 옮김·주석

OIKONOMIKΩN
ΑΡΙΣΤΟΤΕΛΟΥΣ

일러두기

1. 이 책은 아리스토텔레스의 *Oeconomica*를 우리말로 옮기고 주석을 단 것으로, 대본으로 삼은 헬라스어 원전 텍스트는 주제밀(F. Susemihl)의 편집본이다. 주제밀을 따르지 않았을 때는 그 전후 사정을 각주에 적절히 밝혀 놓았다. 헬라스어가 아닌 라틴어로 전해지는 제3권은 Arm-strong(Loeb판)을 사용했다. 로제의 '단편'집 '페이지 숫자'를 표기했다. 그 밖에도 중요한 van Groningen의 프랑스어 판본을 참고했다.

   Armstrong, G. C., *Aristotle, Oeconomica*, Loeb Classical Library, London/Cambridge, Mass, 1935.
   van Groningen, B. A., *Aristote, Le Second livre de l'Economique*, Leiden, 1933.
   van Groningen, B. A., *et A. Wartelle, Aristote, Économique*, Paris, 1968.
   Schneider, J. G., *Anonymi Oeconomica, quae vulgo Aristotelis falso ferebantur*, Leipzig, 1815.
   Susemihl, F., *Aristotelis quae feruntur Oeconomica*, Leipzig, 1887.

2. 아리스토텔레스의 저작을 표시하는 관례에 따라, 벡커(Berlin판)의 텍스트 표시를 사용한다. 이를테면 1343a5는 '벡커판 1343쪽 왼쪽 난(欄: columm) 5행'을 표시한다. b는 '오른쪽 난'을 가리킨다. 아리스토텔레스 저작은 편집자에 따라서 다른 장(章)과 절의 구분을 사용하기도 한다.

3. 원칙적으로 원전에 충실해서 옮기되, 우리말로 표현하여 매끄럽지 않을 경우에는 어느 정도 의역을 가했다. 가능한 한 맥락이 연결될 수 있도록 옮긴이 해석에 맞추려 노력했다.

4. 원문에서 생략된 말이나 본문에 나와 있지 않은 말들로 인해서 원문만으로 충분한 의미가 전달되지 않는다고 판단될 경우 [ ] 기호를 사용하여 원문 이해에 도움이 될 수 있는 방향으로 의미를 보충했다. 혹은 원어에 대한 부가적 설명을 담고 있다. 물론 다른 풀어쓰기가 요청되는 경우에는 각주에서 논의했다. ( )는 우리에게 익숙한 철학 용어로 된 헬라스어라든가 혹은 원문 괄호의 번역을 표시한다. 따라서 원문으로 읽어도 무방하다. 【 】는 원문의 삭제를 표시한다.

5. ē와 ō는 헬라스어 장모음 에타(eta)와 오메가(omega)를 표시한다. χ는 로마자로 ch로, υ는 u로 표기하며, 헬라스어의 우리말 표기는 원음에 가깝게 표기하고, υ는 일관적으로 '위'로 읽어서 Phusis는 '퓌시스'로 표기했다. 후대의 이오타시즘(iōtakismos)은 따르지 않는다. 꼭 필요한 경우를 제외하고는, Iota subscript(hupogegrammenē)를 밖으로 드러내 표기하지 않았다.

내 용
요 약

티온 시의 재정정책—공공 토지 매각과 어업권, 소금 판매권, 환전상 영업권 등 제반 권리 매각 (3b) 시민권 매각 (3c) 기근 시 강제 식량 매입 (3d) 체류 외국인에 대한 토지소유권 매각 (4a) 아테나이 힙피아스에 의한 재화정책—공공 도로 상의 건축물 판매 (4b) 통화의 공정가격 변경 (4c) 공공 봉사 면제를 위한 대금 징수 (4d) 죽음과 탄생에 부과한 아테나이 신전 무녀에게의 봉납 (5) 포티다이아 아테나이인의 전시 재산세 (6) 안티사 소시폴리스의 디오뉘시아 축제 봉헌물 매각 (7) 람프사코스가 실시한 보리, 기름, 술 등 식량에 대한 과세 (8) 헤라클레이어가 실시한 식량 확보와 병사에 대한 식량 매각으로 병사의 임금을 계속 지불하는 방책 (9) 라케다이몬인이 단식하고, 망명한 사모스인에게 귀국 비용을 마련한 방법 (10) 칼케돈이 빌미를 잡아 외국선을 나포하고 용병에게 임금을 지급한 방책 (11) 퀴니코스에서 내란으로 인민들이 승리하고 부유한 사람들을 사형시키지 않고 돈을 받아 국외 추방한 것 (12) 키오스가 시민 채권을 추심한 자금 조달 방책 (13a) 칼리아의 참주 마우솔로스의 책략—부유한 사람들로부터 페르시아 대왕에 대한 공물을 모은 방안 (13b) 시벽을 건설한다는 명목으로 뮈라사 시민들로부터 돈을 모은 방책 (14a) 마우솔로스의 부총독 콘달로스의 책략—가축 기증자들로부터도 징수한 목축세 (14b) '왕의 길'에 뻗은 나무와 쓰러진 나무의 매각 (14c) 병사의 시신에 부과한 성문의 통문세 (14d) 뤼키아인에게 두발 대신 부과한 인두세 (15a) 포카이아를 지배한 로도스의 아리스토텔레스의 책략—시민끼리 싸우는 당파 쌍방으

내용 요약

로부터 돈을 빼앗음 (15b) 법정을 마련해 재판의 공탁금이나 패소의 벌금으로 원고와 피고 쌍방으로부터 돈을 모은 방책 (16a) 크라조메나이의 재정책—기근 시 시민들로부터 올리브유 대여를 요청받아 식량을 조달 (16b) 철 화폐를 주조해 부유층에게 할당해 은을 조달하고, 용병의 임금 부채를 상환 (17) 셀뤼브리아 시가 실시한 기근 시 곡물의 수매와 수출 허가 (18) 아뷔도스가 실시한 농민 경작 자금 대출책 (19) 에페소스가 시행한 금 장식품 금지, 신전 기둥에 봉헌자의 이름을 새길 권리 판매 (20a) 쉬라쿠사이 디오뉘시오스의 책략—여신 데메테르의 예언으로 속이고 여자들의 장식품을 빼앗고 장식품에 대한 봉헌금 부과 (20b) 시민들을 속이고 기부하게 하며, 삼단노선의 건조비를 조달 (20c) 주석 화폐를 주조해 유통을 장려 (20d) 자신의 가구를 시민에게 매각해 대금을 받은 후 가구를 반환하게 함 (20e) 과세하지 않는다고 시민을 속여 가축을 기르게 한 후 가축에 과세하고 가축 도살도 제한 (20f) 고아들이 성인이 될 때까지 그들의 재산을 유용 (20g) 레기온을 점령했을 때 주민들을 풀어 주겠다고 속여 몸값으로 재산을 빼앗고 노예로 팔아넘김 (20h) 시민들로부터 모은 1드라크마 화폐에 2드라크마 각인을 찍어 반납하고 시민들에게 빚을 갚음 (20i) 레우코테아 신전을 약탈하고 약탈품을 숨기는 수병들로부터도 모든 것을 빼앗음 (21a) 멘데의 재정정책—평시에는 시민들로부터 세금을 받지 않고 자금을 활용하게 함 (21b) 오륀토스시와의 전쟁 자금으로 시민들이 노예를 매각해 국가에 자금을 대여할 수 있도록 함 (22) 아테나이의 칼리스트라토스가 보증금을 싸게 설정해 구매자를 늘리고 마케도니아의 입항세 징수 권리를 두 배 가격에 판매한 방안 (23a) 아테나이 티모테오스의 책략—부족한 은화 대신 동전을 주조해 병사들의 임금을 지불하고 동전을 시장에서 유통시킴 (23b) 임금 체불로 병사가 적에게 돌아서려 할 때, 3개월 치 식량 무상 공여로 병사의 불안과 불만을 잠재움 (23c) 사모스를 포위 공격했다고 주민에게 그 땅의 수확물을 팔아 군자금을 얻음 (23d) 군 야영지에서 식량이 부족할 때 소량의 음식물 판매를 금하고 부대장이나 중대장이 한꺼번에 사서 병사들에게 분배하도록 함 (24a) 페르시아의 디다레스 책략—신전에서 빼앗은 은을 입힌 물건들을 순은으로 병사들에게 믿게 하고 식량만 주고 군을 군역에 사용함 (24b) 군대 안에 자신의 장인이나 상인에게 업무를 독점하게 함 (25a) 아테나이 카브리아스의 아이귑토스 왕 타오스에게 조언한 방책—신관직을 폐지하겠다고 위협해 신관들로부터 돈을 모을 것, 또 인두세, 곡물의 판매세, 노동이 낳는 이익에 대한 '십분의 일세'의 창설을 건의 (25b) 금은을 공출시킬 것을 진언 (26) 아테나이의 이피크라테스가 트라키아 왕 코투스에게 군자금을 위해 백성들에게 곡식을 경작할 것을 조언 (27) 트라키아 왕 코투스가 페린토스인을 속여 인질로 잡고 몸값을 요구한 방책 (28) 로도스의 멘토르가 헤르메이아스 땅을 점령했을 때 토지 관리인들을 방심하게 한 뒤 재산을 빼앗은 책략 (29a) 로도스 멤논의 책략—부유한 사람에게 고액의 금전을 할당해 징수하고, 다른 시민으로부터 모은 그 변제금을 이중으로 징수 (29b) 시민에

8

게 분담금을 출연시키고, 국가 세입으로부터 반환을 거부 (29c) 달의 크고 작음을 구실로 병사의 임금으로부터 1년에 6개월분의 배급과 임금을 뺌 (29d) 병사 급여 지급일을 점차 늦추고 무급 기간을 늘림 (30a) 오레오스 카리데모스 책략—영지 내 부자들을 속여 그들의 금전과 가재도구를 빼앗음 (30b) 무기 보관 금지를 포고하고, 사람들을 방심하게 한 후 벌금을 징수함 (31) 카리아 총독 필록세노스는 디오뉘시아 축제 합창대 봉사역을 면제해 주는 대신 부유한 사람들로부터 돈을 모음 (32) 아이귑토스 총독인 에우아이세스는 모반을 계획한 지방장관들을 교살했으며, 몸값을 받고 가족에게 그들의 시체를 인도함 (33a) 아이귑토스 총독의 클레오메네스의 책략—다른 나라에서 기근 때 곡물에 많은 세금을 부과하고, 그래서 지방장관들에게 수출 허가를 내주고 세금을 부과함 (33b) 악어를 신으로 하는 신관들을 자신의 노예가 악어에게 납치된 보복으로 악어 사냥을 하겠다고 위협해 돈을 모음 (33c) 카노보스 신관들로부터 거래소 이전 면제의 돈을 받고, 지불할 수 없는 금액의 돈을 재차 요구해 거래소를 알렉산드리아로 이전시킴 (33d) 물품의 대리 구매자에 의한 대금 부정 청구를 저지하기 위한 연극을 함 (33e) 상인으로부터 통상가격으로 곡물을 매점해 3배의 고가에 독점 판매함 (33f) 신전과 신관직을 폐지하겠다고 위협해 신관들로부터 재물을 모음 (34a) 로도스의 안티메네스의 책략—바뷜로니아의 징세구에서 오랫동안 실시되지 않았던 수입품에 대한 십분의 일세를 총독들과 사람들이 모이는 기회에 부활시킴 (34b) 도망 노예에 대한 보험제도를 만들어 노예 1인당 연 8드라크마의 부담금을 지움, 게다가 보험금 지급 의무는 총독들에게 지게 함 (35) 오륀토스의 오펠라스가 아트리비스 주의 징세구에 감독관을 임명하고 파면을 요구하는 주지사로부터 그들이 제안한 거액의 공과금을 지불하게 한 책략 (36) 아테나이의 퓌토클레스는 아테나이인들에게 라우리온 광산의 납 사재기와 독점 판매를 제언함 (37) 카브리아스는 선원들에게 출정하든가 다른 선원들의 임금을 대신 지불하라고 강요함 (38) 안티메네스는 '왕의 길'을 따라 설치된 창고의 물건을 몰래 팔게 함 (39) 클레오메네스는 병사에게 지불이 가까워지면 나일강을 항해할 것을 명령함으로써 1년에 한 달 치 임금을 공제함 (40a) 뮈시아의 스타벨비오스는 병사에게 임금을 지급해야 할 때 지휘관들을 속여 병사를 해고시킴 (40b) 그 후 병사 없는 지휘관은 무력화시키고 국외로 퇴거시킴 (41) 디오뉘시오스가 신전에서 금이나 은탁자, 황금을 빼앗은 방법

제3권

제1장 (1) 아내는 가사와 가계의 관리를 책임질 것 (2) 집안 밖의 일이나 자녀의 결혼 등에는 남편의 지시에 따를 것 (3) 남편이 역경에 처했을 경우에도 남편을 지탱할 것

제2장 (1) 아내는 삶과 자녀를 나누는 사람이 되어야 한다 (2) 아내 교육을 위해 노력하라 (3) 아내에게 경의를 표하고 지조를 지킬 것

내용 요약

제3장 (1) 남편은 아내에게 절도와 경외심을 가질 것 (2) 아내는 남편에게 경외와 조심성을 지닐 것 (3) 서로에게 애정과 충성심을 가질 것

제4장 (1) 마음과 지성의 일치를 지향할 것 (2) 가족, 친구, 집 전체를 공통 재산으로 간주할 것

차례

해제

'가정경제학'과
'오이코노미아'(oikovoμía, 가정관리)

이 책 『가정경제학』은 아리스토텔레스 벡커판에 '오이코노미케'(oikonomikè), 즉 '가정의 일에 관련된 것(oikonomokos)에 대한 기술'이란 제목으로 실려 전해지는 '경제학'으로, 고대의 '가정'(家政)에 관심을 가지는 독자에게 널리 알려진 작품이다. '가정을 관리하는'(oikonomein)이란 동사에서 '경제학'(economics)이 파생되었다는 점은 누구나 다 아는 사실이다. '가정'이 사전적으로 '집안을 다스리는 일'을 의미한다는 점을 고려하면, 이 책의 제목은 '가정론'(家政論), '가정관리술'이라고 옮기는 것이 어원적으로 원래 의미를 다담아낼 수 있을 것이다. 그러나 이 책이 넓은 의미로는 '경제학'과 연결선상에 있는 것으로 파악하였고, 나는 이 책의 제목을 잘 알려진 대로 『가정경제학』으로 보존할 것이다. 단, 책을 지칭하지 않을 때는 '가정관리'란 말을 사용할 것이다.

이 책을 살펴보면, 그 내용이 가정관리의 차원에 머물지 않고 한 걸음 더 나아가 사적 영역을 벗어난 '공적 영역에서의 일'에도 '오이코노미아'가 개입하고 있다는 점을 이해할 수 있다. 공공의 재화를 관리한다는 측면에서 오늘날의 '경제학' 영역까지도 포함할 수 있다는 말이다. 그렇지만 그것이 근대의 '경제학'과는 다르다는 점을 간과해서는 안 된다. 일반적으로 '근대경제학'이 '개인, 기업, 정부, 사회조직 등이 어떤 선택을 하고 사회의 한정된 자원을 어떻게 분배하는지 연구하는 것이며, 소비나 노동이나 가격의 동향 등을 분석함으로써 법칙성을 발견하고, 경제를 둘러싼 여러 문제의 해결에 관심을 가진 학문'을 가리키는 데 반해서, '오이코노미케'라고 불리는『가정경제학』은 그것과 다른 관심 분야를 기초로 해서 전개되고 있다. 양쪽이 다 같이 사적이나 공적으로 경제 활동의 합리적 판단에 관계한다고는 하지만, 근대경제학의 목적이 가치중립을 지향하면서 '윤리학'과는 근본적으로 다르다고 주장하는 데 반해, 고대의 '오이코노미케'(가정경제학)는 어떤 가치를 지향해서 폴리스(국가)의 통치에 참여하는 시민으로서의 '좋은 삶의 방식'에 기여하는 것을 목표로 하기 때문에, 윤리학과 본성적으로 밀접한 연관성을 갖기 마련이다. 이런 측면에서 '윤리학'과 관련해서 보면 근대의 경제학과 고대의 오이코노미케는 매우 큰 차이를 가진다. 물론 오늘날 경제학이 가치중립적 학문이라는 것을 곧이곧대로 받아들이는 경제학자는 없을 것이다.

'가정'으로 번역되는 헬라스어 '오이코노미아'는 두 가지 요소로 이루어진다. 가정(家政)의 사전적 의미는 '집안을 다스리는 일, 가정생활을 처리하는 수단과 방법'이다. 가정(家庭)은 집안을 의미한다. 오이코노미아(oikonomia)에서 '오이코스'(oikos)는 '집'을 가리키는데, oikia나 dōma, domatis(거주하는 집)와는 달리 집이나 가족뿐만 아니라 그 가족이 소유한 '재산'의 총체를 의미했다. nomia는 법률(관습)을 가리키는 nomos, 즉 그 동사인 nemein에서 유래했으며, 그 동사는 '나누다, 관리하다, 경영하다, 감독하다, 세상살이를 하다'를 의미한다. 따라서 오이코노미아라는 말은 고대 헬라스인들에게 가장 전통적 의미로는 제3권 제1장에 이야기되고 있는 바와 같이 '여성에게 맡겨지는 가정 내의 가사 관리'를 가리켰지만, 일반적으로는 남성에 의한 '가장'(家長)으로서의 집안 재산 관리를 의미했다. 특히 주요 재산은 도시 외곽의 농촌에 있는 영지(領地)이기 때문에 그 관리와 농업 경영이 오이코노미아의 가장 중요한 관심이자 과제였다. 이런 측면에서 오이코노미아는 주로 의식주와 육아 등 가정생활에 대처하는 방법을 추구하는 '가정학'(家庭學)과 달리 국가의 경제나 재정 논의를 포함함으로써 가정학이 아니라 '가정론'(家政論) 내지는 '가정경제'를 대상으로 삼는다고 보아야 한다.

역사적으로 오이코노미아란 말의 쓰임새를 살펴보기로 하자.[1] 이 말은 거슬러 올라가면, 크세노폰의 저서『오이코노미코스』

---

1   C. Natali, "Oikonomia in Hellenistic Political Thought," In *Justice and Generosity: Studies in Hellenistic Social and Political Philosophy,* ed. A. Laks and M. Schofield. pp. 95~128, New York,

(아리스토텔레스의 책과 구별하기 위해『가정경영론』으로 부르겠다) 로부터 헬레니즘 시기에 걸쳐 이 분야에 관심을 가진 작가들은 '가정관리'를 지칭하기 위해 오이코노미아라는 용어를 사용했다. (1) 가장 전통적 의미에서 오이코노미아는 남자의 일로 간주되었던 외부 영역과 정치활동과는 대조적으로, 아내에게 맡겨진 집안 내부 영역에 대한 통제를 의미했다. 또한 (2) 이 말은 일반적으로 집의 주인으로서 남자가 자신의 재산을 관리하는 것으로 "개인의 가정관리 재정"을 말한다(제2권 제1장). 그리고 (3) 철학자가 자신의 소유물을 관리하는 것이다(에피쿠로스, *Sent. vat.* 41).

  이 책에서 본격적 논의가 시작되는 제1권 제2장에서는, 첫째 토지와 농업의 중요성이 논의되고 있다. 제5장에 들어 노예에 대해서도 재산의 일부로서 논의되고 있을 뿐만 아니라, 영지 농업 경영의 관점에서 노예 취급 방식이 서술되고 있다. 오이코노미아가 가사 관리에서 영지 농업 경영을 중심으로 하는 개인의 재산 관리를 의미하게 되면, 그 개념은 점차 더 큰 규모의 재산 관리에 적용되기 시작한다. 많은 시민과 가족을 거느린 공동체로서의 '폴리스 혹은 도시국가'도 하나의 큰 집으로 간주되기 때문에 '오이코노미아'는 폴리스 통치의 원칙(principles of governments)을 의미하게 되었다.

1995.

책의 구성과 내용

이 책의 제1권 내용부터 전체적으로 간결하게 정리해 보자.

1. 1343a1-9: 가정관리술('가정경제학')과 정치학은 어떻게 다른가. 폴리스는 '집'으로 구성되어 있기 때문에, 가정관리술은 그 기원에서 정치학보다 선행한다.

2. 1343a10-b6: '집'에는 사람과 재산이 포함된다. 먼저 집안의 구성 요소 중 여자가 맨 처음으로 다루어진다(남편과 아내의 친교). 논의 과정에서 우선순위에 놓인다는 것은 그 중요성을 반영한다. 식량은 자연의 필수품이기 때문에, 농업은 가장 영예롭고 중요한 직업이며, 남성의 성격 형성에도 큰 도움이 된다. 그다음은 채굴이고, 장인(匠人)의 일은 마지막에 온다.

3. 1343b7-1344a22: 남자와 여자의 결합. 그 목표는 종의 보존과 각자의 타고난 능력에 따라 협력하는 것이다. 아이를 낳는 일은 자연에 대한 공공 봉사이고, 자신들의 이익에도 도움이 된다. 늙은 이후에는 자식들의 보살핌을 받을 수 있으니까. 이러한 자연 본성과 주기에 따른 삶의 방식을 통해서 인간은 개체로서의 영속성을 실현한다. 남녀의 결합은 자연 본성적인 것이고, 애초부터 신에 의해 정해져 있다.

4. 1344a23-b21: 노예, 노예의 일, 주인으로서 노예를 대하는 방법, 그중 가장 중요한 요소는 일, 징벌, 식량이다. 주인은 노예들을 관찰하면서 식량이든, 의복이든, 휴식이든, 징벌이든 그들의 공적(axia)에 따라 각각의 것을 분배해야 한다.

5. 1344b22-1345a24: 가장의 임무는 네 가지 활동으로 이루어진다. 재산의 획득, 보존, 정돈, 운용(사용)이다. 크고 작은 부동산 소유자에게 전달되는 실용적인 권장 사항을 논한다. 재산을 지키기 위해서는 페르시아나 라코니아 방식을 택하고, 판 물건에 따라 물건을 사는 아티카 방식은 재산이 적을 경우에 도움이 되며, 집안에 창고를 설치하지 않아도 되는 이점을 가진다. 가정관리에서의 남편과 아내의 일 할당에 대하여 또 훌륭한 주인이 가져야 할 생활 태도를 논한다.

6. 1345a25-1345b3: 주택 구조와 집안 도구의 배치, 그곳에서 다스려야 할 질서를 논한다. 복지와 건강을 위한 환경적 요소의 중요성을 이야기한다.

이 간략한 요약을 읽어 보면, 제1권은 주로 크세노폰의 생각에서 영감을 받았다는 것을 알 수 있다. 어떤 주제를 논하는 경우에 어떤 불균형이 나타나고 있다. 독자가 더 자세한 내용을 기대할 때는 논의가 중단되고, 다른 곳에서는 전체 크기가 허용하는 것보다 더 길게 이야기되기도 한다. 이 작품에는 탐구 대상의 근본 원인을 파헤치지 않으면서도, 논의의 단순함은 매력을 가지고 있는 것으로 판단된다. 이 책의 연대기는 여전히 모호하지만, 저자가 크세노폰으로부터 직접적으로 영향을 받았으며, 이 작품에서 언급된 여러 역사적 사실이 보여 주듯이 페리파토스학파의 누군가에게 속한다는 사실로부터 우리는 그것이 기원전 325년에서 기원전 275년 사이에 작성되었다는 결론을 이끌어 낼 수 있다.

제2권에 대하여

여기에는 완전히 다른 글이 실려 있는데, 그 논의는 명확하게 구별되는 두 부분으로 나뉜다. 첫 번째 부분(1345b7-1346a31)은 이론적 성격을 띠고 있다. 여기에서는 네 가지 재정 경제가 구별되고 있다. 왕의 재정, 총독의 재정, 국가(폴리스)의 재정, 개인의 재정이 그것이다. 이는 중요성에 따라, 특히 재정 수입원의 성격에 따라 특징이 구별되고 있다.

이보다 훨씬 긴 두 번째 부분(1346a32-1353b27)은 77개의 문단과 하위 문단으로 나뉘어 군주, 지방의 총독(지방장관), 폴리스의 총독, 군대 지도자들이 돈을 얻기 위해 사용한 계략과 방책을 자세히 설명하고 있다. 이것의 논의 순서는 대략 역사적 연대순으로 이루어지고 있다. 코린토스의 참주 큅셀로스와 낙소스의 뤽다미스(기원전 6세기)로부터 시작해서 알렉산드로스 대왕 시대의 동시대 인물에까지 이른다. 첫 번째 모음집의 마지막에서, 이 책의 저자는 부록(1353a19 아래)에 몇 가지 이야기를 추가하고 있는데, 이미 언급했던 등장인물을 다루고 있을 뿐이다.

우리는 이 책을 통해 이 책이 생겨난 시대를 파악해 볼 수 있다. 앞서 살펴본 여러 사례 모음은 알렉산드로스 대왕 시대 이후로는 확장되지 않고 있다. 그렇다면 이 작품 시기는 그 이후일 수 없다. 첫 번째 부분에서 언급된 자료들은 총독들(satrapēs)로 분할되고, 여전히 자치 도시(폴리스)가 존재하는 대규모 제국과 관련돼 있다. 그러나 기원전 306/305년에 첫 번째로 안티고네와 프톨레마이오스가 독립을 선언하고, 더 이상 그 체제에 맞지 않는 마케도니아와 아이귑토스 왕국을 세웠다. 이미 이때는 페르시아제국과 헬라스와의 교통은 알렉산드로스 대왕에 의해 열린 시기였다. 이 책의 저자는 지방을 통치하도록 명받은 헬라스인들에게 구체적 예를 제시하려는 아이디어를 가졌을 것으로 본다. 따라서 이 작품의 연대는 기원전 4세기 마지막 분기로 추정된다. 또한 이 책의 저자는 페리파토스학파의 학생들에게 귀속되어야 한다.[2]

---

2   van Groningen, B. A., et A. Wartelle, *Aristote, Économique*, Paris, 1968, pp. XI-XIII.

가정경제학

폴리스란 무엇인가?

폴리스(polis, 혹은 ptolis[미케네 언어, po—to—ri—jo])란 말은 정확히 우리말로 옮기기 어렵다. 이 말은 어원적으로 산스크리트어 púr과 리투아니아어 pilis와 연관을 맺고 있다고 하며, 그 말뜻은 '성채, 요새'를 의미한다. 또 폴리스는 아크로폴리스(akropolis, '높은 곳의 성채')와 동의어로 사용되기도 한다(호메로스, 『일리아스』 제4권 514행, 제7권 370행). 대체로 폴리스는 '도시', '도시국가', '나라' 등으로 옮겨지나, 그 말이 의미하는 정확한 사항을 다 담아낼 수는 없다. 이런 점을 고려하면 '국가'라고 옮기기보다는 '도시'로 옮겨야 더 적절할 수 있다. 여기서는 우리말로 번역하지 않고 '폴리스'라고 그대로 두었지만, 오늘날 민족 국가(nation state)가 되었든, 싱가포르와 같은 작은 국가가 되었든 간에 아리스토텔레스가 기술하고 있는 것처럼 고대 헬라스의 폴리스들이 직면한 많은 정치적 문제들이 오늘날의 정치적 문제와도 유사하다는 점을 고려하면 '국가'라고 옮기는 것도 그다지 틀린 것은 아니다.

게다가 권력과 부의 분배, 폴리스 공동체가 존재하는 기본적 목적과 목표라는 측면에서는 고대 헬라스 역시 오늘날에 존재하는 국가와 유사한 정치 제도적 특징을 가지고 있다. 그럼에도 헬라스에서 역사적으로 실존했던 '폴리스'라는 특별한 형태의 정치체제가 있었다는 것은 잊지 말도록 하자.

고대 헬라스에는 1500여 개(300여 개는 본토 밖)에 달하는 폴리스가 있었다고 하며, 대부분의 폴리스는 성인 남자 약 1000여 명 정도에 불과해서 시민들 서로 간에 친숙한 관계를 유지할 수 있을 만큼 작았다. 플라톤은 『파이돈』에서 사람들이 거주하는 폴리스를 두고 "마치 연못 둘레에서 개미들이 혹은 바다 둘레에서 개구리들이 거주하는 것처럼"이라고 생생하게 묘사하고 있다(109B). 스파르타 다음으로 큰 면적을 가지고 있었던, 가장 큰 폴리스로 알려진 아테나이만 해도 기원전 5세기의 페리클레스 시대에 남자 성인이 5만~6만 명, 외국 거류민(metoikoi)이 2만 5000명, 노예가 1만 명 정도였다고 하며, 데모스테네스가 마케도니아의 필립포스에 맞서던 기원전 4세기경에는 그 절반 정도였다고 한다. 그러니 여성과 아이들, 시민 자격을 갖고 있지 못했던 노예, 외국 거류민을 다 포함해도 수십만(20만~40만?) 정도로 추정된다.[3]

기본적으로 폴리스는 문명화된 왕권으로 유지되는 나라와 원시적 종족의 집단과도 구별되는 정치 형태를 가진 독특한 공동체였다. '폴리스'는 대략 기원전 8세기에서 기원전 3세기까지 헬라스 세계에서 존재했던 정치적 조직 형태라 할 수 있다.[4] 폴리스가 갖는 하나의 중요한 성격은 '친애'라는 특징에서 찾아볼 수 있다.

3　아테나이의 성인 남자 시민의 인구는 펠로폰네소스전쟁 동안에 격감하여 기원전 4세기 내내 대체로 2만~3만 명을 유지했다. 인구통계학적 추계에 의하면, 어느 해에는 500명의 평의원 중에서 400명이 신임이고, 나머지만 재임이었다고 하는데, 평균 연령을 40세로 해서 재임을 인정한 경우에도 평의회 체제를 유지하기 위해서는 최소한 2만 5000명 내지 3만 명의 성인 남자가 필요했다고 한다.

4　M. H., Hansen, *The Athenian Democracy in the Age of Demosthenes*, Oxford: Basil Blackwell, 1989, pp. 57~64 참조.

"그런데 훌륭한 사람들을 친구로 가지는 경우에는 가능한 한 많은 수를 가져야 하는가, 아니면 폴리스의 인구에 적도(適度)가 있는 것처럼 친애로 맺어진 다수에도 어떤 적도가 있는 것인가? 폴리스는 열 명의 사람으로는 성립되는 것이 아니며, 십만 명의 사람으로는 이미 폴리스가 아니다. 그 숫자는 아마 특정한 수가 아니라 어떤 규정된 수들 사이에만 있다면 어떤 숫자든 될 것이다. 마찬가지로 친구들의 수효 또한 규정된 것인데, 아마 그들과 함께 살 수 있는 최대한의 수로 규정될 것이다. 함께 사는 것이야말로 가장 친애적인 특징으로 보이니까."(『니코마코스 윤리학』 1170b29-1171a2)

얼굴을 마주하는 사회(face to face to society) 시민이라면 누구나 정기적으로 폴리스에서 한데 모여야 하며, 민회에 참석해야 하고, 축제에 참여해야만 한다. 기본적으로 폴리스는 모든 시민이 다른 모든 시민을 알 수 있을 정도의 공동체이어야만 한다.

"폴리스는 여러 일족과 마을이 완전하고 자족한 삶을 나누는 공동체인데, 우리의 주장으로는 완전하고 자족한 삶이란 행복하고 훌륭한(kalōs) 삶이다."(『정치학』 제3권 제9장 1280b40-1281a1)

"폴리스의 구성원이 너무 적으면 자족적일 수 없고(그러나 폴리스라면 자족할 수 있어야 한다), 다른 한편으로 지나치게 많은 경우에는 민족의 경우처럼 필수품에 대해서는 자족할 수 있어도, 그런 폴리스는 있을 수 없다. 그런 폴리스가 정치체제를 갖추는 것은 쉽지 않으니까. 도를 훨씬 넘는 인원수를 이끄는 장군은 도대체 누가 될 수 있을까. 스텐토르와 같은 목소리의 소유자가 아니면 도대체 누가 전령이 될 수 있을까?"(『정치학』제7권 제4장 1326b2-8)

아리스토텔레스가 생각했던 폴리스의 규모는 이런 것이었다. 폴리스는 (1) 삶을 자족한 상태로 누릴 수 있을 만큼의 인구로, (2) 시민들이 서로 간에 쉽게 알아볼 수 있는 숫자의 크기여야만 하며, (3) 한눈에 쉽게 전체를 살펴볼 수 있는 정도인 영토의 크기를 가져야 한다.

"이렇게 해서 폴리스의 최선의 한계는 다음과 같다는 것은 분명해졌다. 즉 전체를 한눈에 내려다보고 쉽게 살펴볼 수 있는 범위 내에서 생활의 자족을 촉진하기 위해 증대시킨 최대의 인구수이다. 폴리스의 크기에 대해서는 이러한 식으로 결정되는 것으로 해두자."(『정치학』제7권 제4장 1326b24-26).

"게다가 인간의 수는 전체를 한눈에 쉽게 살펴볼 수 있는 범위로 해야 한다고 말했듯이, 또한 영토도 그와 마찬가지여야 한다. 영토 전체를 한눈에 쉽게 살펴볼 수 있다면, 방어가 쉽기 때문이다."(『정치학』제7권 제5장 1327a1-4)

    폴리스의 전형적 모습은, 농작이 이루어지는 광활한 지역으로 둘러싸인 그 중심에 단일한 도성을 갖는 형태를 띠고 있었다. 폴리스란 말은 폴리스와 폴리스를 구획 짓는 물리적 의미로 사용되며, 또한 시민의 권리를 갖고 있는 전체 집합이나 정치제도에 대한 결정을 내릴 수 있는 단일한 집합을 의미하기도 한다. 아리스토텔레스는 폴리스를 "시민들로 이루어진 어떤 종류의 집합체(ti plēthos)"(1274b41)로 규정하는데, 여기서 '어떤 종류의 집합체'란 "자족적인 삶을 살기에 충분한 크기의 집단"(1275b20)을 의미한다. 다시 말해 폴리스는 '자족적인 삶을 누리기에 충분한 수의 시민들로 이루어진 집단'을 말하는 것으로 이해된다. 폴리스적 공동체는 훌륭한 행위들을 위해 존재하는 것으로 받아들여져야만 하지 단순히 모둠살이를 하기 위해 존재하는 것으로 생각해서는 안 된다(1281a2-8).

    또한 아리스토텔레스는 폴리스를 "정치체제를 공유하는 시민들의 공동체"(1276b2-9)로 규정한다. 폴리테이아는 '시민권', '시민의 권리와 조건', '시민의 일상적 삶', '폴리스의 통치와 행정', '정치체제' 등 다양한 의미로 사용된다. 특정한 폴리스의 성격이 무엇인가는 그 폴리스의 폴리테이아의 본질에 의존하기 마련이다.

"왜냐하면 폴리스가 어떤 종류의 공동체이며, 또 정치체제를 공유하는 시민들의 공동체라면, 정치체제가 종적으로 달라지고 다른 것이 될 때에는 필연적으로 폴리스 역시 동일한 것이 아니게 된다고 생각하기 때문이다."(『정치학』제3권 제3장 1276b1-3)

　　전체 공동체가 어느 쪽으로 움직여 가든 폴리테이아(정치체제)가 유지되는 한 폴리스는 언제나 동일하다.

"동일한 사람들이 동일한 장소에 거주하고 있을 경우에는, 끊임없이 어떤 이들은 죽고 다른 어떤 이들은 새로 태어나더라도 거주하는 사람들의 종족이 동일한 한에서, 폴리스는 동일한 폴리스라고 불러야 하는가? (그것은 마치 끊임없이 어떤 물은 흘러 들어오고 다른 물은 흘러 나가더라도 강과 샘을 같은 것이라고 으레 우리가 말하는 것처럼) 아니면 이러한 종류의 이유 때문에 살고 있는 사람은 동일하다고 해야 하는데, [만일 정치체제의 변화가 있다면] 폴리스는 다르다고 말해야 하는가? 왜냐하면 폴리스가 어떤 종류의 공동체이며, 또 정치체제를 공유하는 시민들의 공동체라면, 정치체제가 종적으로 달라지고 다른 것이 될 때에는 필연적으로 폴리스 역시 동일한 것이 아니게 된다고 생각하기 때문이다."(『정치학』제3권 제3장 1276a35-1276b4)

　　영토는 그다지 중요한 요소가 아니다. 시민의 인구수 또한 어느 지점까지는 개별적 폴리스의 성격을 규정할 수 있다. 하지만 시민은 매번 오고 가고, 죽고 태어난다. 폴리스의 결정하는 가장 결정적 요소는 '폴리테이아'(정치체제)다. 정치체제는 '강과 같은 것

가정경제학

이고, 시민은 그 흐름'과 같은 것이다. 강물은 언제나 바뀌지만, 그 강물을 담고 있는 강은 언제나 동일하다. 시민이 자연적 변화를 거친다고 해서 폴리스는 변화하는 것이 아니다. 그렇기 때문에 폴리테이아가 존속하는 한, 폴리스는 한결같은 상태를 유지하는 것이다.

정리해 보자면, 폴리스는 단순히 어떤 지정학적 위치나 법률, 제도와 같은 것으로 한정되지 않는다. 폴리스는 그 구성의 공동체(연합체)이며, 그 구성원들의 활동이며, 그들의 '일상적으로 더불어 살아가는 삶'을 표시하는 것이다. 그래서 아리스토텔레스는 폴리스는 자연적으로 존재한다고 말하는데, 그가 의미하는 것은 이 공동의 삶이 자연적이라는 것이고, 사람들은 자연적으로 좋은 삶, 즉 행복을 위해서 공동체적으로 살아간다는 것이다. 우리는 이 생각을 다음과 같은 아리스토텔레스의 말 속에서 찾아낼 수 있다.

"따라서 이러한 것들로부터 분명한 것은, 폴리스는 자연에 기반하는 것들에 속하며, 인간은 자연에 따른 '폴리스[를 형성하며 살아가는] 동물'(politikon zōon)이라는 것이다."(『정치학』 제1권 제2장 1253a2-3)

한편 플라톤은 폴리스의 기원을 이렇게 설명한다. "많은 사람이 동반자 및 협력자들로서 한 거주지에 모이게 되었고, 이 공동 거주에다 우리가 폴리스라는 이름을 붙여 주었다"(『국가』 제2권 369C). 사람들의 '공동 거주'(sunoikia)가 폴리스(polis)로 명명되었다고 플라톤이 말하고 있듯이, 오이키아와 폴리스라는 말은 강한 의미론적 연결고리를 가진다. '오이케인'이라는 동사는 '관리하는' 것이나 '지배하는' 것을 의미하며, 그래서 '폴리스가 나쁜 방식으로 지배된다(오이케인)'라는 표현도 있을 수 있다.

오이코노미아와 '정치경제학'

폴리스를 '집'으로 간주하는 배경에는 폴리스의 규모가 작아 시민들끼리 "서로 각자가 도대체 어떤 종류의 인물인지 알고 있어야 한다"(『정치학』 제7권 제4장 1326b15-16)라는 것과 아리스토텔레스가 말하듯 시민들끼리 서로 가까운 관계였음이 깔려 있음을 잊지 말아야 한다. 아리스토텔레스가 폴리스나 가정을 이야기하던 시절에는 흑해 동안(東岸)에 있는 파시스강에서부터 지브롤터해협을 가리키는 서쪽의 '헤라클레스 기둥'에 이르는 헬라스 세계(플라톤, 『파이돈』 109B)에는 무려 1500개의 폴리스가 있었을 것으로 추정되지만, 아테나이와 같은 대도시는 극히 예외적이며, 대부분의 폴리스는 작았으며, 그 규모는 가족 수로 따지면 300에서 700개로 추산된다.

네이글은 아테나이는 아리스토텔레스가 고려한 폴리스의 예로 상당히 오해의 소지가 있다고 주장하면서, 1500개의 헬라스 폴리스 중 평균 도시는 25~100제곱킬로미터 규모에 남성 시민이 230~910명이었던 반면에, 아테나이는 2580제곱킬로미터에 2만 5000~4만 명의 시민이 거주했다고 주장한다. 이를 바탕으로 네이글은 아리스토텔레스가 생각한 '이상적 폴리스'는 500~1000가구, 아테나이 크기의 약 2~3퍼센트에 불과한 60제곱킬로미터 영토를 가졌으며(p. 312), 이 작은 규모가 훨씬 더 높은 수준의 시민 친숙성과 시민 참여를 촉진했을 것이라고 해석한다. 따라서 이러한 폴리스에서는 시민의 물질적 필요가 거의 전적으로 시민의 내부로부터 생산되었다. 일반적 가정은 대략 12헥타르(30에이커) 정도의 작은 농업 단위였을 것이며, "그것은 충분한 포도주, 올리브유, 곡물, 콩, 과일, 일상생활에 필요한 우유, 때로는 고기를 공급했을 것이다. 노예 한두 명을 소유해야만 했다"(p. 75). 이러한 경험적 데이터를 바탕으로 네이글은 폴리스의 가장 중요한 단위는 '오이코스'였으며, 영지를 중심으로 한 경제구조에서 여성은 상당한 역할을 했을 것으로 해석한다. 네이글은 가정에서의 일을 통한 여성의 역할을 강조하고 있는데, 즉 미래 시민의 어머니로서, 정규 교육이 없는 상태로서, 종교의식의 참가자로서, 극장의 관중으로서의 여성 역할을 주의 깊게 고려했다는 점은 언급할 만한 가치가 있다.[5]

더욱이 폴리스가 큰 집이라면 그 시민은 국가의 자녀가 되지만 그것도 단순한 비유에 그치지 않는다. 부모의 역할이 자녀를 보

---

5   D. B. Nagle, *The Household as the Foundation of Aristotle's Polis*, New York, 2006. 네이글의 경험적 데이터를 바탕으로 한 아리스토텔레스의 '오이코스와 폴리스'의 해석은 흥미를 불러일으키지만, 아리스토텔레스의 『정치학』의 텍스트가 그 해석을 뒷받침해 줄 만한 근거를 보여 주고 있지 못한다는 약점을 가진다.

호하고 키우는 데 있듯이, 고대 헬라스 폴리스의 본래 기능은 시민을 외적으로부터 보호하는 것이지 경제적으로 착취하는 것이 아니었다. 폴리스의 가장 중요한 수입원은 제2권 제1장에서(1345b31-1346a5) 설명하고 있는 바와 같이 국토의 특산물이나 거래소의 사용료, 통과관세이며 시민의 수입에 대한 직접적 과세나 노역의 부과에 의한 것이 아니다. 일반적으로 폴리스의 세입은 공공 영지, 통행 요금, 항구 사용권에서 들어오는 것으로, 시민의 재산에 대한 세금을 가능한 한 경감하고 장사를 하는 체류 외국인으로부터 거둬들이는 것이다. 실제로 멘데 폴리스는 항구나 그 밖의 것들에서 들어오는 세수를 국가 행정에 충당하고, 비상시가 아니라면 시민의 토지나 집에서는 세금을 징수하지 않았다고 기록되어 있다(제2권 제2장 21a).

오이코노미아가 개인의 가정과 공동체의 재정관리 규칙 및 원칙을 함께 가리키게 되었기 때문에, 제2권에서 왕과 총독, 국가와 개인의 재정이 유형화되어 논의되고 있는 것은 논의에서 벗어난 것이 아니다. 다만 제2권 제2장과 같이 왕이나 총독들이 금전이나 재물을 획득하기 위해 행한 78개의 책략과 방책을 모은 사례집은 '오이코노미아'를 다룬 문학 장르 중에서도 특이하다고 할 수 있다.

'오이코노미아'라는 용어는 비유적 의미에서 복잡한 구조(크든, 작든)를 잘 관리할 수 있는 능력이 성공적으로 적용될 수 있는 모든 조건을 의미하는 데 사용된다. 이 말의 사용에 대한 여러 예가 존재한다. 시대가 진행됨에 따라 오이코노미아라는 용어는 한 도시국가의 범위를 넘어 더 일반적으로 쓰이게 된다. 기원전 2세기 역사가 폴뤼비오스는 오이코노미아라는 용어를 많이 사용했는데, 그는 폴리스와 지역의 정치와 여러 폴리스와의 동맹과 종교적 제사 관리 운영에도 그 단어를 사용하고 있다. 또 폴뤼비오스는 전리품의 구분, 보급품, 보초, 야영지 등과 같은 모든 종류의 군대 장비의 좋은 조직을 의미하기 위해 오이코노미아라는 용어를 사용하고 있다. 할리카르나소스의 디오니시우스에게서 politikē oikonomia는 군사작전의 처리, 특히 재판 관리 및 논쟁들의 해결과 반대되는 공공 시민 행정을 의미한다.

그 밖에도 우리의 논의 맥락과 관련이 없지만, 오이코노미아는 우주와 자연의 원리들의 좋은 질서를 의미하기도 한다(에피쿠로스,『자연학』「단편」24.50 참조). 또 수사술의 경우에 기술적 명사로 오이코노미아는 논의 부분들의 구성을 의미하기도 한다. 이것을 수사학 교과서에서는 dispositio라고 언급한다.

다른 경우 오이코노미아는 실제로 폴리스에서 '부'를 조직적으로 처리하는 것을 의미하는 데 사용되며, 따라서 '정치 경제'(political economy)라는 현대 개념에 더 가까운 의미를 갖게 되기에 이른다. 1345b7-14에서는 폴리스의 각 단위 주체마다 재정 수입에 관심을 갖고 있음을 강조하고 있다. 오늘날의 '이코노믹스'(경제학)와 가장 가까운 의미로 사용된 것은 1세기에 태어난 역사가이자 지리학자인 스트라본으로 생각된다. 스트라본은 아이귑토스를 언급하면서 '좋은 오이코노미아'는 일자리(비즈니스)를 창출한다고 말하고 있으며(XVII.1.13), XV.3.21에서는 페르시아제국의 통치에 대해 언급하고 있다.

크세노폰의『가정경영론』과 그 역사적 배경

오이코노미코스('가정론') 문학의 전통에 대해서 디오게네스 라에르티오스에 따르면, 퀴니코스학파의 조상이라 일컬어지는 안티스테네스와 플라톤의 제자 크세노크라테스도 오이코노미아를 주제로 한 저작을 썼으나 책 제목만 전해질 뿐 그 내용은 알 수 없다고 한다. 오늘날 우리가 읽을 수 있는『오이코노미코스』라는 제목의 가장 오래된 저작을 남긴 것은 그들과 거의 동시대를 살았던 크세노폰이다. 그 책의 집필 연대는 테바이군이 스파르타를 물리친 레욱트라 전투(기원전 371년) 후에 스파르타의 아게실라오스 왕으로부터 부여받은 올림피아 근교의 스킬로스 장원을 침입해 온 엘리스군에 의해 크세노폰이 쫓겨난 직후인 기원전 370년경으로 여겨진다.

오이코노미아를 하나의 '지식'(에피스테메)으로 보고, 그 지식은 '기술'(테크네)과 같은 것으로 간주했던 크세노폰의『가정경영론』은 2부로 구성된다(제1장 1~2절). 1부는 가정에 대한 이론적 고찰이고, 2부는 실천적 분야에서의 적용이다. 1부는 소크라테스와

크리토불로스의 대화로 구성되며 가정과 재산의 정의, 아내의 역할, 노예와 기술자의 일, 농업 찬가로 구성된다. 크리토불로스는 가정관리자(오이코노미아)의 일은 '집'(oikos)을 잘 돌보는 것이라고 말한다(제1장 2절). 1부 끝에 가서 논의를 요약하는 식으로, 오이코노미는 소크라테스에 의해 다음과 같이 정의된다. "오이코노미아는 어떤 지식(에피스테메)의 명칭이자, 우리가 생각하기에 이 지식은 그로 인해 사람들이 집을 증식할 수 있는 것으로, 집이란 개인의 전 재산과 같은 것으로 생각되며, 재산은 각자에게 삶을 위해 유익하며, 유익한 것은 사람이 사용한다는 것을 아는 모든 것임이 밝혀졌다"(제6장 4절). 재산이 무조건적으로 삶에서 유익하다고 소크라테스 자신이 말했다는 크세노폰의 주장을 액면 그대로 받아들이기는 어렵다고 하더라도, 이 오이코노미아의 정의는 일반적으로 받아들일 수 있는 것이다. 아리스토텔레스도 『정치학』에서 가정관리의 가장 중요한 부분을 '재화획득술'(chrēmatistikē)이라고 부르고 있다. 이 책에서는 가정관리술과 정치학을 '기술'이라고 말한다(1343a5). 『에우데모스 윤리학』에서는 가정관리술(오이코노미아)을 하나의 헥시스(hexis, 성향)로 보고 있다(1281b13-14).

2부는 농원을 운영하는 이스코마코스 인물이 집안 정리 정돈 방법, 농업감독관 육성 및 지도 방법, 파종, 제초, 추수 방법, 포도, 무화과, 올리브 등의 작물 재배 방법에 관한 농업 관련 지식을 소크라테스에게 교시(教示)하는 내용이 주를 이룬다. 등장인물 이스코마코스의 생각 속에는 15년 이상을 스킬로스 장원에서 지냈던 크세노폰 자신의 생활 경험이 짙게 투영되어 있으며, 이스코마코스에는 '지극히 아름답고 좋은 사람'(kalos kagathos)의 명성도 곁들여 있다(제7장 2절). 이후 크세노폰의 『가정경영론』은 오랫동안 역사적으로 오이코스노미아 논의의 모델이 되었다.

오이코노모스의 역사적 시원

크세노폰의 『오이코노미코스』 저작 이전에도 고대 헬라스에는 오이코노미코스 문학의 원류라고 부를 수 있는 전통이 있었다. 가정의 관리자를 뜻하는 헬라스어 '오이코노모스'라는 단어의 가장 오래된 용례는 기원전 6세기 엘레게이아 조의 시나 서사시를 쓴 포퀴리데스 시에도 남아 있다. 여성에 대해 멸시적이고 교훈적인 그의 「단편」에는 "꿀벌에서 태어난 여자는 뛰어난 주부"(오이코노모스)와 같은 것이 있으며(「단편」 2.7), 이에 조금 앞서 기원전 7세기에 활동한 세모니데스는 동물 유형에 따라 인간의 유형을 구별한 다음, 꿀벌인 여성이 모든 여인 중에서 가장 우수하다고 말한다. 이 여성의 이미지는 필시 헤시오도스에게서 빌려왔을 것이다. 여성 중에서 가장 우수한 꿀벌 유형의 여인은 남편이 행복한 삶을 영위하게끔 하는데, "그녀로 인해 생활이 윤택하고 부유하기 때문"이고, 또 훌륭한 자손들을 많이 낳아 주기 때문이라고 말한다. 이는 오이코노모스가 여성의 가사일과 관련된 것이었음을 보여 준다.

그러나 크세노폰으로 이어지는 오이코노미코스 문학의 더 오래된 원류로는 제1권 제2장에서 "무엇보다도 집안을 꾸려 아내와 쟁기질하는 소를 갖추라"라는 인용이 보여 주듯이, 헤시오도스가 기원전 700년경에 쓴, 우리식으로 이해하자면 「농가월령가」(農家月令歌)라고 할 수 있는 『일과 나날』까지 거슬러 올라갈 수 있다. 오이코노미아라는 용어 자체는 사용되지 않았지만, 그 작품은 실질적으로는 집안과 가정의 과제를 다루고 있으며, 그 농사력(農事曆)은 크세노폰의 『오이코노미코스』 후반부 내용과도 겹치고 있기 때문이다. 또 투퀴디데스의 『펠로폰네소스 전쟁사』에는 전쟁에 이르는 아테나이와 스파르타의 경제 상황을 상세히 묘사하고 있어 국가 차원의 '오이코노미아'를 언급하는 선구자 역할을 수행하고 있다.

국가의 경제정책이라는 관점에서 플라톤 철학에서도 오이코노미아 이론의 뿌리를 살펴볼 수 있는데, 플라톤의 『국가』는 수호자 계급과 기술자 계급으로 나누고, 전자에게는 경제적 활동과 사유재산이 배제된 이상국가의 모습을 그리고 있다. 크세노폰의 『오이코노미코스』가 플라톤과는 다른 소크라테스 상(像)을 그린 것처럼, 플라톤의 『국가』에 맞서 그 반론으로 크세노폰이 자신의 책을 썼다는 주장도 있다.

그러나 이에 대해 『오이코노미코스』 주석을 쓴 반 그로닝겐(van Groningen)은 플라톤 『국가』에 대해서, 플라톤이 반복적으로 '이상국가'의 청사진을 엄밀하게 그려 철학적 사변과 물질적 객관성이 기묘하게 뒤섞인 논의를 하고 있지만, 그는 헬라스 국가의 경제를 그려 내고 있는 것이 아니라 인간 본성 속에 있다고 자신이 믿었던 이상적 국가의 모습을 그리고 있다고 부정적 평가를 내리고 있다. 플라톤이 '철학에 손대는 자들이 겨우 어린아이에서 갓 젊은이가 되었을 때, 이 시기의 오이코노미아(가정관리) 및 생계를 유지하게 될 때까지 철학의 가장 어려운 부분에 접근해 본 후 그냥 떠나 버린다'(『국가』제6권 498A)라고 한탄하는 경우, 오이코노미아는 철학과 대립되는 것으로 부정적으로 취급되는 것처럼 보인다.

하지만 플라톤이 국가 재정이나 시민의 경제적 운영을 경시하고 있다고는 생각되지 않는다. 왜냐하면 플라톤은 『법률』에서 페르시아의 퀴로스는 유능한 장군이기는 했지만 올바른 교육(paideia orthē)에 대해선 전혀 이해하지 못했으며, 가정관리(오이코노미아)에 대해 조금도 마음을 쓰지 않았기 때문에, 나라의 쇠퇴를 초래하는 원인을 만들었다고 말한다(『법률』제3권 694C). 또 그는 가정관리에 도움이 된다는 이유로 '수학'이 반복적으로 권장되는(『법률』제5권 747B, 제7권 809C, 819C) 언급이 나타나듯이, 오이코노미아에 대한 중대한 관심을 표명하고 있기 때문이다. 그리고 『법률』제4권에서는 부의 공정한 분배를 목표로 토지의 공평한 몫의 배분, 국내에서 유통되는 화폐와 헬라스 공통 화폐의 구별, 지참금 및 이자 대출 금지 등의 제안이 논의되고 있다. 게다가 4개의 재산 계급 구분이 이루어져 어느 정도까지 경제 격차를 인정해야 하는

지 논하고, 경제적으로 부유한 계급에게 누진적으로 더 무거운 사회적 역할을 담당하게 하는 구상이 이야기되고 있기도 하다. 또한 제8권에서는 농업국으로서 농업 관계법을 정비해야 할 것과 무역 및 상업의 법률 정비, 수확물 및 농산물 배분, 시장 규정 등의 구체적 방안도 상세히 논의하고 있다. 『법률』에서 다양하고 구체적인 경제정책의 구상을 본다면 고대 세계에서 시민에게도 또 국가에서도 '오이코노미아'가 가장 중요한 관심사며, 이 때문에 고대 헬라스의 현실 사회를 바탕으로 플라톤이 '오이코노미아'에 대해 본격적이고 주도면밀한 고찰을 하고 있었음을 알 수 있다.

그러나 정치학과의 관계에서 '오이코노미아'의 명확한 위치를 설정한 것은 아리스토텔레스라고 해야 한다. 그는 『니코마코스 윤리학』 제6권 제8장에서 다양한 '사려'(프로네시스)의 작용을 구분해 한 사람의 인간 자신과 관련된 사려와 개인과 관계없는 사려로 크게 나누고, 후자를 '가정관리술', '입법술', '정치학'(이것은 다시 '심의술'과 '사법술'로 나뉜다)으로 분류한다. 『정치학』 제3권 제6장에서는 자녀와 아내와 집안 전체를 지배하는 것을 '가장적 지배'(오이코노미케 아르케)라고 규정하는데(1278b37-38), 가정관리술의 구체적 내용은 아리스토텔레스의 책, 『가정경제학』 제1권 제2장과 제6장에서 상세히 전개되고 있다.

아리스토텔레스는 『정치학』 제1권 제3장 첫머리에서도 '가장 먼저 가정관리(oikonomia)에 대해 말해야 한다'(1253b1)라고 명확히 선언하듯이 제1권 제3장은 '가정의 구성 요소', 제4장부터 제7장까지는 가정의 중요한 구성 요소인 '노예의 역할', 제8장은 '가정관리와 재화획득술'을 논의하고 있으므로, 『정치학』 제1권의 대부분 논의는 '가정'(오이코노미아)과 관련된 논의라고 해도 좋을 성싶다. 아리스토텔레스는 oikos와 polis를 부분과 전체의 관계로 파악해 정치체제(politeia)와 관련해서 오이코노미아를 논해야 한다고 주장한다. 제1권의 마지막 장, 제13장에서 다음과 같이 그 두 관계를 정리하고 있다.

"왜냐하면 모든 가정(집)은 폴리스의 일부고, 그 구성원은 가정의 일부고, 게다가 부분의 덕은 전체의 덕과 관련하여 살펴야 하므로, 만일 자식들이 훌륭하게 되고, 아내들 또한 훌륭하게 되는 것이 폴리스가 훌륭하게 되는 것과 어떤 차이를 가진다면, 자식들과 아내들의 교육은 필연적으로 정치체제와의 관계를 고려해서 이루어져야 하기 때문이다. 사실상 그러한 차이를 만드는 것은 필연적이다. 왜냐하면 아내는 자유인의 절반이고, 자식들로부터 정치체제를 공유하는 사람들이 생기기 때문이다."(1260b13-19)

아리스토텔레스의 『정치학』에서는 집과 가정이 정치적 삶의 토대로 높이 평가받는다. 주된 관심사는 경작하는 영지이며, 소유자는 그 다양한 부분을 관리하고, 수입을 늘리는 노력을 해야 한다. 그러나 산물(産物)이나 금전의 교환을 통해 물질적 이익을 추구하는 '재화획득술'은 자연에 반하는 것(para phusin)으로 권장되지 않

각에 대해 매우 비판적이며, '경제학'에 대한 작업에서 소크라테스를 사용한 것에 대해 비판하고 있다. 왜냐하면 소크라테스는 경제학에 대한 어떤 필요성도 주장한 적이 없기 때문이다. 또 그는 크세노폰의 이상주의를 인정하지 않았으며, 고대 아테나이의 역사적 현실이 크세노폰의 권고와는 너무 달랐기 때문에, 그의 교육체계에서 철학적 원리를 비실용적인 적용으로 생각한 것에 대해 그를 비판했다(col. 7). 에피쿠로스주의자로서 그는 철학자에게 어울리는 가정의 관리와 평화로운 삶을 위해 아내가 필요한가 하는 의문을 제기한다(col. 27). 그는 또한 여성이 자신의 합당한 의무를 배울 수 있는지, 아내의 잘못에 대해 남편이 책임이 있는지 묻고 있다(col. 2.4).

필로데모스와 동시대인이었던 키케로도 크세노폰의 윤리적 가르침이 매우 유용하다고 생각해, 그가 20세였던 기원전 85년경에 크세노폰의『오이코노미코스』를 라틴어로 번역했다(『의무론』 2.87). 키케로의 번역판은 Varro, Columella, Plinius 및 퀸틸리아누스 등의 인용을 통해 널리 유포된 것으로 보인다. 전해지는 인용문은 키케로가 문자 그대로 번역한 것이 아니라 약간의 추가 사항을 가미해 의역했음을 보여 준다.

아리스토텔레스의『가정경제학』집필 연대는 명확하지 않지만, 반 그로닝겐은 저자가 크세노폰으로부터 직접 촉발된 것과 이 저작이 이전에는 아리스토텔레스에게로 돌려진 것으로 보아 기원전 325년에서 기원전 275년 사이로 추정한다.[6] 기원후 1세기 에피쿠로스학파 철학자인 가다라의 필로데모스(Philodemus of Gadara)는 그 자신의 저작 『가정에 대하여』(*Peri Oikonomias*)에서 이 책의 제1권은 테오프라스토스(기원전 371년~기원전 287년)의 저작이라고 보고하고 있다. 필로데모스의 현대 연구자인 초나(Voula Tsouna)도 그의 그 견해를 따르고 있다.

어떤 학자는 테오프라스토스의 학생이거나 아리스토텔레스의 다른 학생을 그 책의 저자로 지칭하기도 하며, 저자가 한 사람 이상일 것이라고 가정하기도 한다. 울리치 빅토르는 크세노폰과 아리스토텔레스의 저작 언어를 비교해, 두 작품이 지금은 상실된 안티스테네스의 작품에서 유래했다고 주장하기도 하지만, 그리 큰 설득력을 갖고 있지는 못하다.[7]

제2권의 구성과 내용은 이렇다. 제1장 다른 종류의 재정. 제2장 군주들이 재산을 획득한 다양한 방책들. 제2권의 제1장은 이론적 내용으로 재정을 왕, 총독, 국가, 개인의 네 종류로 분류해 각각의 수입원을 논의하고 있다. 이 네 가지 재정에 공통되는 중요한 원칙으로는 지출이 수입을 초과하지 않도록 하는 것을 들 수 있다(1346a16). 이들 네 가지 재정 분류와 수입원의 구별은 다른 곳에서는 찾아볼 수 없는 저자의 독자적인 주장이다. 또한 국가 재정에

6   van Groningen and Andre Wartelle, *Aristote: Economique*, Paris, 1968.

7   U. Victor, [Aristoteles] *Oikonomikos: Das erste Buch der Okonomik-Handschriften, Text, Übersetzung und Kommentar-und seine Beziehungen zur Okonomikliteratur*, Konigstein im Taurus, 1983.

대한 설명 부분(1345b12-14)은 현대의 political economy로 통하는 '폴리티케 오이코노미아'라는 개념이 문헌에 최초로 나타난 전거로도 알려져 있어서 『잉글랜드 은행사』(1987년)를 쓴 안드레아데스(Andreas M. Andreades)처럼 현대 '재정학'의 출발점으로 보는 경제학자도 있다.

제2장은 실천적 권고 사항을 활용하기 위한 군주, 속주나 도시의 지배자, 위정자, 군 지휘관들이 금전이나 재물을 획득한 책략과 일화를 모은 사례집이라 할 수 있다. 그 수단은 재정, 금융, 통화 정책에서 도시계획에까지 미치고 있다. 사례의 배열순서는 대략 연대순이지만, 사례집 마지막 부분에서는(1353a19-b27) 이미 앞서 언급한 이야기나 인물들을 거론하는 보충 설명이 적혀 있다. 등장 인물은 다른 출처가 없어 특정할 수 없는 인물도 포함되지만, 지난 7세기 큅셀로스부터 알렉산드로스 대왕의 동시대인까지 활동했던 인물들로 보인다. 그래서 집필 연대도 특정하기 쉽다. 제1장에서는 알렉산드로스 대왕의 제국이 속주로 분열되면서 그것들이 자치권을 갖고 있는 것처럼 묘사되고 있다. 제2장에서는 속주를 지배하는 인물에게는 모두 헬라스인의 이름이 부여돼 있다. 그러나 기원전 306년 안티고노스 1세가, 이듬해 프톨레마이오스 1세가 각각 독립을 선언하고 왕호를 칭하며 마케도니아 왕국과 아이귑토스 왕국을 설립했다. 따라서 저작의 집필 연대는 기원전 4세기 마지막 25년 동안으로 규정할 수 있으며 저자는 뤼케이온 학원의 제자라고 생각할 수 있다.

제3권에 대하여

이 책의 제3권은 결혼 생활에서 남자와 여자를 결합하는 다양한 의무에 대한 생각이 섬세하게 논의되고 있다. 분명한 사실은, 제3권은 아리스토텔레스의 철학적 재능에 어울리지 않으며, 제3권의 내용 또한 그에게 귀속시킬 만한 내용도 보이지 않으며, 더군다나 헬라스의 사본(두루마기)도 남아 있지 않고, 페리파토스학파의 작품에 그 위치를 자리매김할 요량도 없어 보인다는 점이다. 결혼 도덕에 관한 질문은 제1권에 이어 여기서도 마찬가지로 다루어지고 있다. 연속적으로 4개의 장으로 구분할 수 있는데, 이 장들은 중세 라틴어 번역본에만 보존되고 있으며, 헬라스 원본은 상실되었다. 벡커판 이후 대부분의 편집자들은 제3권을 『아리스토텔레스 전집』(*Corpus Aristotelicum*)에서 제외했다. 옥스퍼드판의 번역자들도 마찬가지였다. 반면 로제(V. Rose)는 자신의 아리스토텔레스「단편집」에 그것을 포함해서 출판했다(*Aristotelis Fragmenta, Bibl. Teubneriana*, Leipzig, 1886. 이 작품의 재발행은 1966년 슈투트가르트에서 출판되었다). 주제밀(Franz Susemihl)은 두 개의 가장 오래된 번역본을 나란히 출판했다. 암스트롱도 라틴어 이 버전을 『가정경제학』에 포함시켰다(G. Cyril Armstrong, *Oeconomica*, Loeb Classical Library, London, 1935).

결혼과 가족에 관한 헬라스의 철학적, 도덕적 사고는 직간접적으로 뤼케이온 학원 가르침에서 유래했다고 주장할 수 있는 전통도 있어 보인다. 이것을 크세노폰의『가정경영론』과 비교하는 것은 흥미롭다. 배우자 간의 조화에 대한 크세노폰에서의 이스코마코스의 생각은 이 책의 저자에게도 친숙했을 것으로 보인다. 주제밀은 헬라스 원본이 오래되었음을 인정한다. 아마도 아리스토텔레스가 죽은 직후 세대의 페리파토스학파 일원의 작품으로 추정되며, 부분적으로는 제국시대, 2세기 또는 심지어 3세기의 스토아학파의 작품일 가능성도 있다는 것이다. 이러한 분분한 의견은 널리 받아들여지고 있지만, 원래의 초기 원전이 없기 때문에 최종적 판단을 내리는 것은 불가능하다. 제3권의 결혼에 관련된 사항은 혼인성사에 관한 성 파울로(Paulo) 기독교 교리에도 영향을 준 것으로 보이지만, 적어도 배우자들에게 공동생활에 관련해 주고 있는 조언에는 영향을 받았을 것으로 보인다. 제1장 남편과 집에 대한 아내의 의무. 제2장 아내에 대한 남편의 의무. 제3장 혼인의 호혜적 관계와 충성심. 제4장 부부의 일치와 행복 등이다.

제3권은 결혼한 남녀의 결합의 중요성과 서로에 대한 의무와 애정에 대해 논하고 있으며, 내용적으로는 제1권의 제3장과 제4장으로 연결되고 있다. 그러나 제3권만큼은 헬라스의 원전 텍스트가 상실돼 중세 라틴어 번역으로만 전승되어 왔다. 그 때문에 벡커판『아리스토텔레스 전집』이래(1831년), 1921년에 간행된 옥스퍼드판을 포함해 많은 편찬자들이 제3권을 아리스토텔레스 전집에서 제외해 왔다. 영문 번역으로는 암스트롱(G. Cyril Armstrong)이 1935년에 제3권을 '포함해' 번역본을 출판했고, 제3권의 프랑스어 번역은

1958년의 트리코(Jules Tricot) 번역이 최초다. 제1권과 제2권의 첫 번째 프랑스어 번역은 14세기 철학자 니콜 오렘(Nicole Oresme, 1323년경~1382년)에 의한 번역이 1489년에 이르러 파리에서 출간돼 19세기까지 네 권의 다른 번역이 나왔다는 점을 감안하면, 근대 이후 제3권이 얼마나 무시돼 왔는지 알 수 있다.

앞서 언급한 대로, 중세의 대부분 라틴어 번역에서 제3권은 제1권과 직접 연결되어 있었다. 중세 이후에도 라틴어 번역에서 제펠(Renate Zoepffel)에 따르면, 카메라리우스(Joachim Camerarius)는 그의 라틴어 번역(1581년)에서 제1권의 제1장부터 제6장의 뒤를 이어 제3권의 내용을 제7장부터 제10장으로 해서, 『아리스토텔레스의 가사 감독』 혹은 『가정론』이라는 제목을 붙여 한 권으로 정리하고 있다. 또 바르텔(André Wartelle)에 따르면, 마우로(Silvestro Mauro)가 쓴 라틴어 주석서(1688년)도 제1권과 제3권이 한데 묶여 제1권을 구성하며, 제2권이 그 뒤를 잇는 것으로 되어 있다. 다만 이 두 권을 직접 통합하는 문제에 관해서는 라우렌티(Renato Laurenti)가 제3권은 그 자체로 완전하고 그 첫머리는 다소 돌연한 구석을 가지고 있지만, 내적 통일성을 지니고 있는 것으로 해석해, 이들 두 권이 별개의 작품이라고 결론 내리고 있다. 제1권은 미완이지만 체계적이고 교과서적인 데 비해, 제3권은 분명히 '권고적' 글쓰기이며, 제1권 제4장의 아내를 대하는 방식은 나중에 덧붙여진 보충적 논의인 것으로 보인다.

19세기 후반에 이르러 이 책의 제3권이 다시 빛을 보게 만든

장본인 로제는 이 제3권이 작가 미상의 아리스토텔레스 작품 목록 *Vita Menagiana*(로제는 이 작품 목록을 6세기에 콘스탄티노폴리스에서 살았던 밀레토스의 헤쉬키오스에게로 돌리고 있다)에 속하는 *nomoi andros kai gametēs*('남편과 아내의 법')와 동일한 것으로 보고, 아리스토텔레스「단편」속에 제3권을 넣어서 출간했다. 그러나 그러한 동일시는 모로(Paul Moraux)에 의해 근거가 없는 것으로 부정되었다. 제펠도 말하듯이, 제3권 그 자체가 아내의 집 관리에 있어서 따라야 할 정해진 규칙을 인용하고 있으므로, 제3권 그 자체를 '법'(노모이)이라고 부를 수는 없다는 것이다.

어쨌거나 제3권 집필자와 집필 연대에 대해서는 여러 의문이 미해결 상태로 남아 있다. 주제밀은 제3권이 스트라톤이나 테오프라스토스 같은 아리스토텔레스 제자들의 시대에 이미 쓰여 있던 아리스토텔레스 작품인 헬라스어 원전에서 유래한 것으로 생각했다. 다만 부분적으로는 기원후 2, 3세기 로마 황제 때 스토아학파에 의해서 가필되어 수정되었을 가능성이 있다고 보고 있다. 트리코도 거의 그의 생각을 따르고 있다.

이 밖에도 이 작품의 연대에 대해서는 신퓌타고라스학파로 불리는 절충주의 색채가 짙은 학자의 작품으로 보기도 하고, 기원전 2세기부터 기원후 2세기에 걸쳐 작성된 것으로 보기도 한다. 빌헬름(Friedrich Wilhelm)은 스토바이오스의 책을 조사해 신퓌타고라스학파의 저작이 내용적으로 제3권과 시대적으로 근접해 있음을 확인할 수 있을 것으로 생각해, 제3권의 집필 연대를 기원전 1세기에서 기원후 1, 2세기 사이로 규정했다. 라우렌티도 제3권과 플루타르코스, 스토아학파의 무소니우스 루푸스, 에픽테토스 등과 비교하고, 스토바이오스의 저작 중 신퓌타고라스학파의 저작 단편이나 소포클레스, 에우리피데스, 크세노폰과도 비교한 후, 제3권은 아리스토텔레스나 그 제자의 작품으로 돌려질 수 없으며, 신퓌타고라스학파에 속하는 자의 저작으로 간주하고 집필 연대를 기원전 1세기에서 기원후 1, 2세기 사이로 규정하고 있다.[8] 분명한 점은, 제3권의 저자가 크세노폰처럼 아내의 역할을 단순히 보조적이고 협력적인 일로 보지 않고 부부간의 조화와 애정을 강조한다는 점에서는 차이가 있다.

한편 제펠은 제3권을 스토아학파나 신퓌타고라스학파와 연관 짓고 다른 두 권보다 후대에 집필 연대를 규정하는 주장에 대해 의문을 제기하고 있다. 제1권과 제3권과는 문학 장르가 다르다. 제1권이 아리스토텔레스의 철학적 입장과 밀접하게 관련지으려 했던 텍스트인 데 반해, 제3권은 더욱 일반적이고 윤리적 틀 안에서의 부부에 대한 도덕적 권고를 주는 장르에 속한다. 요컨대 제3권 전체를 통틀어 볼 때, 제펠은 집필 연대가 기원전 4세기 후반임을 부인하는 어떤 사실도 발견할 수 없다고 주장한다.[9]

---

8 R. Laurenti, *Studi sull'Economico attribuito ad Aristotele*, Milano, 1968.

9 R. Zoepffel, *Aristoteles, OIKONOMIKA, Schriften zu Hauswirtschaft und Finanzwesen*, Berlin, 2006. pp. 239~242.

'오이코노미코스'와 여성의 교육

플라톤처럼(『국가』제5권 449C~472) 크세노폰도 '혼의 특성'이 불변하지도 않고 성별에 따라 미리 결정되지도 않는다는 점을 분명히 했다. 남성과 여성은 기억력, 근면함, 절제력, 분별력을 발휘하는 능력이 동일하다는 것이다(에픽테토스의 스승인 무소니우스 루프스도 이와 동일한 견해를 가졌다). 여성들은 가르침을 받을 수 있고, 왕다운 명령 기술을 발휘하는 법도 배울 수 있다(제7~10장). 다만 자연 본성상 남녀는 똑같은 소질을 타고나지 않으므로, 서로를 필요로 하는 것이며, 한 사람의 부족함을 다른 사람이 보완함으로써 남녀의 결합은 각자에게 더 이득이 된다(제7장 28절). 부모 모두가 자녀 교육에 참여해야 한다(제7장 12절). 성별 구별에 대한 이러한 설명은 헬라스 문학에서 매우 독특하다. 그러나 크세노폰과 대조적으로, 아리스토텔레스의 『오이코노미카』는 남녀 간의 차이에 대해 아리스토텔레스의 전통적 견해와 일치하고 있다(1343b26-1344a23). 이 책의 저자는 제시된 견해가 평범하고 논쟁이 필요하지 않기 때문에 남성과 여성의 능력에 대해서는 간략하게 논의하고 있을 뿐이다. 아리스토텔레스는 "아이를 낳는 것은 공동의 일로 했지만, 양육의 역할은 나뉘어 있다. 기르는 일은 여자의 몫이고 교육하는 일은 남자의 몫"이라고 주장한다(1344a8). 자녀 교육을 아버지에게만 할당하며, 정신적 능력에서의 남성과 여성의 '평등'(isonomia) 개념도 언급하고 있지 않다.

라틴어 판본에 대한 짤막한 언급

라틴어로 전승된 제3권의 가장 유력한 사본에는 크게 세 가지 계통이 있다. B사본으로 여겨지는 주제밀이 편집한 뒤란두스판(Translatio Durandi), A사본으로 알려진 웨투스판(Translatio vetus), 제1권, 제2권, 제3권을 아우르는 '무명씨의 라틴어 번역본' 등이 있다. 로제의 *Aristoteles pseudepigraphus*(1863년)와 *Aristotelis quiferebantur librorum fragmenta*(1886년)도 B사본을 따르고 있다. 이 책의 번역에는 로제의 「단편집」 '페이지 숫자'를 여백에 표기했다(140.6-147.24). 나는 이 책에서 제3권의 번역은 암스트롱판(Loeb, 1935)을 사용했다.

뒤란두스판은 1945년 알베르니아의 뒤란두스(Durandus de Alvernia)에 의해 번역된 것으로 가장 많은 사본이 유포되고 있다. '오래되었다'는 호칭의 웨투스판이 주제밀에 의해 뒤란두스판과는 특징적으로 차이가 있음이 1870년경에 발견되었고, 1887년에 주제밀이 제3권 뒤란두스 번역 옆에 텍스트의 변화를 알 수 있도록 인쇄해 출판했다. 제1권부터 제3권까지 전체를 가지고 있는 라틴어 사본은 현재에 이르기까지 번역자를 알 수 없다. 이들 세 사본의 관계가 어떠한 것인지에 대해서는 로제가 제3권 라틴어 번역의 역사를 쓴 이래 여러 가지 다른 의견이 존재해 왔으며, 현재도 연구자들 사이에 의견 일치를 보지 못하고 있다.

이에 대한 논란은 여전히 벌어지고 있지만, 어쨌거나 라우렌티는 중세에 있었던 세 번역 중 뒤란두스판이 가장 오래된 것으로 결론 맺고 있다. 그는 사본에 대해서는 히스파니아의 페란두스 (Ferrandus de Hispania)가 뒤란두스판에 대해 주석을 덧붙여 1295년에 서 1302/1303년 사이에 집필한 것으로 추정하고 있다. 제3권에 대해 우리가 확신을 갖고 말할 수 있는 점은 13세기까지는 제3권의 헬라스어 원전이 존재해 중세 번역가들은 서로 다른 사본을 사용해 번역할 수 있었지만, 13세기 이후에는 헬라스어 원전이 완전히 상실되어 버렸다는 것이다.

'오이코노미코스 문학'의 수용과 영향

크세노폰 이래로 고대 세계에서는 수많은 '오이코노미코스'가 여러 작가들에 의해 쓰였다. 이미 언급한 에피쿠로스학파인 필로데모스(*Peri oikonomias*) 외에도 신퓌타고라스학파인 칼리크라티다스와 브뤼셀, 로마 제정기 헬라스 수사가로 활동한 디온, 클뤼소스토모스, 기원후 1세기 스토아학파 무소니우스 루푸스, 기원후 2세기 후반 후기 스토아학파 히에로클레스도 '오이코노미코스'라는 제목의 저작을 쓴 것으로 알려져 있다(스토바이오스 참조). 게다가 신퓌타고라스학파 여성들이 다른 여성들을 위해 썼다는 가정(家政)에 관련된 내용의 서한도 많이 남아 있다. 그러한 오이코노미코스 문학의 성립과 전개에 아리스토텔레스의 저작으로 여겨지는 이 책이 큰 자극을 주었을 것이다. 유럽 중세에도 '가정론'은 큰 성공을 거두었다. 앞서 언급한 라틴어 뒤란두스판에는 80개, 웨투스판에는 24개의 사본이 남아 있다. 이들 사본의 대부분은 14세기나 15세기의 것이지만, 일부는 더 최근의 것이다. 그 수는 아리스토텔레스의 다른 저작 사본과 비교해도 상당히 많으며, 예를 들어『정치학』은『가정경제학』보다 훨씬 중요한 작품임에도 불구하고, 그 라틴어 사본은 약 110여 개를 조금 넘는 수준에 지나지 않는다.

이탈리아에서 르네상스 시대에 플루타르코스와 아리스토텔레스의 '오이코노미카'는 프란체스코와 에르몰라오, 바르바로, 조반니 칼디에라, 레온 바티스타, 알베르티 그리고 가족에 관해 글을 쓴 15세기 다른 인문주의자들에게 영향을 주었다. 레오나르도 브루니(Leonardo Bruni, 1370~1444)의 아리스토텔레스 작품의 처음 두 권(제1~2권)의 번역본은 1420년 출판된 이후 널리 유포되었으며 매우 영향력이 컸다. 현존하는 사본은 모두 223권이나 된다. 당시 라틴어로 번역된 크세노폰의 책은 아리스토텔레스의『오이코노미카』보다 대중적으로 알려지지 못했으며, 그 영향력도 그것에 못 미쳤다.

15세기에 이르러 오렘이 프랑스 왕 샤를 5세를 위해 프랑스어로 번역해 주석을 달았던『오이코노미카』가 출판되었는데, 이 저작이 일반적으로 널리 알려지게 된 것은 이탈리아 인문학자 레오나르도 브루니가 라틴어로 번역과 주해를 붙인 것을 출간하면서부터며 르네상스 시대에 가장 많이 읽혔던 것은 브루니의 라틴어 번역이다. 그 사본은 1420년대부터 1470년대에만 현존하는 사본이

20개 이상에 이르도록 중세 번역을 훨씬 능가해 16세기에 이르기까지 『오이코노미카』의 표준판이 되었다. 13세기 학자들이 오이코노미케를 *economica*로, 폴리티케(정치학)를 *politica*로 번역한 반면, 브루니는 전자를 res familiaris(가족의 일)로 번역하고, 후자를 처음으로 res publica(공공의 일)로 번역하는 등 헬라스어의 차용어가 아니라 헬라스어를 모르는 라틴어나 이탈리아어 독자에게 직관적 이해를 주는 번역을 시도했다.

이탈리아 도시국가가 한층 세속화되면서 새로운 독자층이 창출되고 브루니의 『오이코노미카』는 여성의 지위, 부, 결혼, 사업에 관한 새로운 태도를 가져온 아리스토텔레스라는 철학자의 인상에 대한 새로운 각인(刻印)을 만들어 내었다. 브루니는 피렌체 최대의 기업인이자 문화의 애호자였던 코지모 데 메디치(Piero di Cosimo de' Medic)에게 『오이코노미카』의 번역본을 헌정했다. 브루니는 코지모가 자신의 부를 찬사를 받을 만한 방식으로 관리하고 정직하게 부를 확대할 수 있음을 그에게 보증한 셈이다. 브루니의 주해 번역은 귀족과 시민들에게 큰 인기를 끌었고, 그전까지는 복잡하다고 기피했던 아리스토텔레스의 윤리학에 대한 관심을 높일 수 있는 계기를 만들어 냈다.

유럽 중세에서 르네상스 시대에 『오이코노미카』가 널리 읽힌 이유 중 하나는, 결혼 생활에 대한 교훈이 지극히 인간적이고 윤리적인 성격 때문이며, 두 번째 이유는 아리스토텔레스의 높은 명성 때문이다. 암스트롱은 '이른바 제3권은 결혼 생활에 대한 기품 있는 훈계로, 아리스토텔레스 자신에게도 가치를 지닌다. 실제로 그것이 표현하고 있는 조심스럽고 배려심 있는 정신은 거의 기독교적이다'(p. 325)라고 기술한 바와 같이, 제3권의 내용이 당시 기독교 세계의 가족관이나 윤리관에도 수용하기 쉬웠다는 점이 널리 받아들여진 요인일 것이다. 또한 세 번째 이유로는 가정에 대한 이론이 지배자가 현실의 문제에 대처할 때 유익했을 뿐만 아니라, 일반 시민들의 생활에도 널리 실용적인 지침서로 도움이 되었기 때문이다.

『오이코노미카』의 성공은 유럽 세계에 그치지 않는다. 그보다 앞서 중세 이슬람 세계에도 큰 영향을 주었다. 아랍에서 오이코노미카의 번역은 유럽 세계보다 빨랐고, 제1권은 11세기 전반에 철학자이자 의학자인 Abu al-Faraj Abdallahibn al Tayyib에 의해 아랍어로 번역되었다. 신퓌타고라스학파의 브뤼셀에게로 돌려지는 짧은 작품인『오이코노미코스 로고스』는 로마의 부유한 엘리트층을 대상으로 쓰였으나 중세에 아랍어, 히브리어, 라틴어로 번역되어, 특히 이슬람 철학자들 사이에 널리 펴져 나갔다. 브뤼셀의『오이코노미코스 로고스』는 스토바이오스의 책에도 얼마 남아 있지 않지만, 아랍어로 번역된 사본에는 많이 남아 있어 가정과 경제, 결혼에 대한 오늘날의 이슬람 사고방식에도 깊은 영향을 미쳤을 것으로 생각한다. 그 브뤼셀의『오이코노미코스 로고스』의 제3장에서 여성에 관한 기술(pp. 74~103)은 호메로스로부터의 인용은 없지만, 이 책의 제3권 내용과 거의 병렬적으로 함께 놓인다. 이 책, 그리고 특히 라틴어로 남아 있는 제3권이 후대에 미친 영향의 크기가 아랍 세계에서 더 강했다는 점은 기억해 둘 필요가 있다.[10]

---

10   크세노폰의 『가정경영론』과 플라톤의 『국가』, 『법률』의 비교, 크세노폰의 책과 위—아리
      스토텔레스의 『가정경제학』이 영국과 유럽에 미친 영향과 르네상스 이후 페미니즘과의 관
      계에 대해서는 Sarah B. Pomeroy, *Xenophon. Oeconomicus: A Social and Historical Commentary*,
      Oxford, 1994.

제
1권

제1장 가정관리술과
정치학의 차이

가정관리술과 정치학[11]은 집과 국가(폴리스)의 차이만큼 다를 뿐 1343a

아니라(그 두 기술의 기초[12]는 집과 국가[13]이기 때문이다), 정치학이

---

11 hē oikonomikē kai hē politikē. oikonomikē는 가정을 '지배하는 혹은 경영하는 혹은 다스리
는' 기술(가정관리술, 가정경제학). 이것들은 에피스테메(학적 지식)가 아니라 테크네(기술)이
며, 여기서 다루고 있는 정치학은 단지 '정치적 지식'에 그치지 않는 테크네로서의 '정치학'
이다. 양자의 차이에 대해서는『정치학』제1권 제1장 1152a7-16 참조. '가정관리술'에 대해
서는『정치학』제1권에서 논하고 있으며, 제8장 1256a1-19에서는 재산을 획득하는 재화획
득술(chrēmatistikē)과 재산을 사용하는 '가정관리술'(가정경제학)이 구별되어 있다. "재화획
득술이 과연 가정관리술의 한 부분인지, 아니면 그것과는 다른 종류의 것인지는 논란거리
가 되는 문제. 만일 재화획득술에 관련 있는 사람의 임무가 돈이나 재산을 어디에서 얻
을 수 있는지 고찰하는 것이라면, … (원문 훼손) 그리고 재산과 부(富)에 다양한 부분이 포
함되어 있다면, 따라서 제기되는 첫 번째 문제는 농업은 과연 재화획득술의 한 부분인지 혹
은 그것과는 다른 어떤 부류인지, 그리고 일반적으로 식량 관리 감독과 (획득에) 관련해서
도 과연 그것이 재화획득술의 어떤 부분인지, 아니면 그것과 종류가 다른 것인지 하는 문제
다"(1256a15-19).

12 hupokeimena(밑에 놓여 있는 것들). "여기서 내가 '재료'(hulē)에 의해 의미하는 바는 그것을
기초로 해서 거기로부터 어떤 생산품이 완성되는 '밑에 놓여 있는 것'(hupokeimenon)이다.
예를 들어 직물을 짜는 사람에게는 양모고, 조각가에게는 청동이다"(『정치학』제1권 제8장
1256a8-10 참조).

많은 지도자를 포함하는 반면 가정관리술은 1인의 지배라는 점에서도 다르다.[14]

확실히 뤼라나 아울로스의 경우에 그렇듯이, 어떤 기술은 구별되며, 제작하는 기술과 제작된 것을 사용하는 기술은 동일하지 않다. 그러나 국가를 처음부터 건설하는 것과 탄생한 국가를 아름답게 사용하는 것은 모두 정치학에 포함되므로, 집을 획득하는 것과 집을 사용하는 것이 모두 가정관리술에 포함될 것임은 분명하다.

그런데 국가는 수많은 집과 토지와 재산의 집합체이며 잘 살기[15] 위한 목적을 위해 자족하고[16] 있다. 그것은 명백하다. 왜냐하면 그 목적을 달성하지 못할 경우 공동체는 해체되기 때문이다. 게다가 이 목적을 위해 사람들은 함께 산다. 그것을 위해서 각각의

13 크세노폰은 oikos를 다음과 같이 정의한다. "누군가가 재산으로 획득한 모든 것, 그것이 비록 소유자가 거주하고 있는 폴리스가 아닌 다른 곳에 있더라도, 그가 가진 모든 재산의 일부다"(『가정경영론』 제1장 5 참조).

14 가정관리술의 지배와 폴리스에서 정치가의 지배 차이에 대해서는 『정치학』 제1권 제12장 1259a37 아래 참조. oikonomia(가정관리)는 oikos(집)와 nomos(법)가 결합된 말이다. 직역하면 '집의 질서'이며, '집안을 다스리는 일'(家政)을 말한다. 이 말에서 오늘날의 '경제'(economy)란 말이 나왔다. oikos는 생산적 노동과 일상적 욕구 충족이 이루어지는 장소다. 오이코스는 오늘날의 핵가족과는 다르게 가축과 노예를 포함한 가족 구성원의 가정생활, 수공업적 노동이 한 군데에서 이루어지는 공간이었다. 가족을 '경영'하면서 가족의 구성원들을 유지하는 자가 곧 '가정관리자'(家長)다. 원칙적으로 가정은 자급자족 경제로 생산적인 노동을 통해 생산한 만큼 소비하는 곳이다. 폴리스가 공적 생활을 목표로 하는 곳이라면, 가정은 폴리스와는 단절되어 공적 시선에서 벗어나 있는 사적이고 은밀한 곳이었다. 이곳에서 출산, 섹스, 질병, 죽음과 같은 사적인 삶이 이루어졌다.

15 잘 사는 것(to eu zēn)은 그저 살아남는 것(생존)과 대비되며 '행복하게 사는 것'을 말한다.

16 국내 자급자족이 가능한 경제적 독립을 포함한 자족(autarkeia) 개념은 아리스토텔레스의 정치학과 윤리학에서 중요한 역할을 하고 있다. 자족은 행복의 조건 중 하나다.

것은 존재하고 발생하고 있었던 것이며, 그것이 각각의 본질을 이루고 있다. 따라서 발생 측면에서 가정관리술이 정치학보다 앞서는 것은[17] 분명하다. 그 일이 먼저이기 때문이다. 집은 국가의 부분이니까.

그렇다면 가정관리술에 대해 그 일이 도대체 무엇인지 살펴봐야 한다.

15

제2장 집의 구성 요소(인간, 재산, 토지)와 농업

집안의 구성 요소는 인간과 재산이다. 그러나 각각의 사물의 자연 본성은 먼저, 그 가장 작은 부분에 의해 관찰되므로, 집에 대해서도 마찬가지다. 그러므로 우리도 헤시오도스에 따라 시작해야 한다.

20

"무엇보다도 집안을 꾸려 아내와 쟁기질하는 소를 갖추라."[18]

우선[적으로 다루어야 할 것은] 먹고살 양식과 관련된 것이고,

---

17 『정치학』제1권 제2장 1253a19 아래에서 국가(폴리스)는 자연에 기초한 것으로, 집보다 앞선 것으로 되어 있다. 전체는 필연적으로 그 부분보다 앞서기 때문이다. 여기서는 '발생'(기원)이라는 점에서 먼저라고 되어 있다. "폴리스는 또한 자연적으로 가정과 우리 각자 모두에 앞서는 것이다. 사실상 전체는 필연적으로 부분에 앞서야 하니까." 그렇다고 논리적으로 선행하는 것을 의미하지는 않는다.

61

제1권제1권

다음은 자유인에게 관한 것이다. 따라서 [가정관리술에서] 아내와의 친교와 관련된 사항도 올바르게 조정할 필요가 있다. 다시 말해, 이것은 남편과 아내 사이에 어떤 관계를 확립해야 하는지 논해야 한다는 것을 말한다.

재산 획득과 관련된 배려의 첫 번째는 자연에 근거해서 실시하는 것이다. 자연에 근거한 것의 첫째가 농업이며, 다음으로 광산이나 그와 비슷한 다른 종류의 활동처럼 땅으로부터 채굴하는 것이다. 농업은 정의에 부합하는 것이기 때문에 최상의 것이다. 그것은 장사나 삯일을 하는 것처럼 자발적으로 행하든, 전쟁처럼[19] 비자발적으로 행하든 사람들로부터 착취하는 일이 없다. 게다가 농업은 자연스럽게 이루어진 것이다. 왜냐하면 모든 생물에게 음식은 어머니로부터 주어지는 것이 자연 본성적인 것처럼 인간에게도 땅으로부터 주어지기 때문이다.[20]

거기에 더해 농업은 남성의 성격[용기] 형성에도 큰 도움이 된다. 그것은 손으로 만드는 일처럼 몸을 쓸모없게 만들지 않고,[21] 야

---

18   헤시오도스, 『일과 나날』 405~406행. 『정치학』 제1권 제2장 1252b11에도 인용되어 있다.

19   전쟁술도 어떤 의미에서 '자연에 근거한 재산획득술'이라는 주장에 대해서는 『정치학』 제1권 제8장 1256b23-26 참조.

20   인간을 먹여 살리는 '어머니 대지'에 대해서는 아이스퀼로스, 『테바이를 공격하는 일곱 장군』 16행 및 여러 생물에서 '자연'(phusis)이 태어날 때부터 삶의 필수품(식량)을 공급하는 것에 대해서는 『정치학』 제1권 제8장 1256b7 아래 참조. "그러나 앞서 말한 것처럼, 재화는 무엇보다도 먼저 자연에 근거해야 한다. 왜냐하면 일단 태어난 사람에게 식량을 공급하는 것은 자연의 기능이다. 즉 태어났을 때의 잔류물이 태어난 동물 모두에게 식량이 되기 때문이다"(제1권 제10장 1258a35-38).

21   "게다가 신체를 나쁜 상태로 하는 기술, 임금을 받고 노동을 하는 일 모두를 비천하다고 우리는 부른다"(『정치학』 제8권 제2장 1337b6-15 참조). 농업과 신체 단련과의 관련성에 대해

외에서 살며 힘든 노동을 견딜 수 있게 한다.[22] 심지어 적에 대한
위험에도 맞설 수 있도록 하는 것이다. 그들의 재산만이 방비의 시
벽(市壁) 밖에 있기 때문이다.[23]

제3장 남녀의 결합과 역할
—결혼의 사회적 도덕적 기능

인간과 관련된 돌봄(배려) 중에서는 아내에 대한 돌봄이 첫 번째
다. 여자에게나 남자에게나 부부 공동체(결합)[24]가 다른 무엇보다
자연 본성적인 것이니까. 우리의 다른 저작에서도 자연이 유사한
많은 종을 생산하려는 자극을[25] 주려고 하는 경향을 가지고 있음
을 [원칙으로] 확립했으며, 이는 모든 개별적 동물의 경우에도 마

서는 크세노폰, 『가정경영론』 제5장 1절 참조.

22 농민 집단과 목축에 종사하는 사람들의 신체적 쓸모 있음과 야전에서 견딜 수 있는 능력에
    대해서는 『정치학』 제6권 제4장 1319a19-24 참조.

23 농업이 몸을 단련하고 싸움의 힘을 준다는 것, 부지런함, 그런 결과로 남자답게 만드는 것
    과 같은 농업 예찬에 대해서는 크세노폰의 『가정경영론』(*Oikonomikos*) 제5장 참조. "신체를
    단련함으로써 전쟁에서 더 잘 살아남을 수 … 나약한 습관을 피함으로써 재산을 증식할 가
    능성을 더 높이는 것이지요"(제11장 11~12 참조).

24 결혼 공동체에 대해서는 플라톤의 『법률』 제7권 771E1, 805D7, 크세노폰의 『가정경영론』
    제3장 15("가정의 훌륭한 동반자인 아내는 남편이 가정의 안녕을 위해 기여하는 것과 동일하게
    가정에 기여합니다."), 제7장 42("나이가 들수록 나에게는 더 좋은 반려자가 되고 아이들에게는
    더 나은 가정의 수호자가 되어 그만큼 식구들의 존경을 더 많이 받게 되리라 믿게 될 것이오.")
    참조. 남녀 간의 결합에 대해서는 『정치학』 제1권 제2장 1252a26-b15 참조.

25 원어로 ephietai(ephiēmi)는 '추동하다', '부추기다'라는 뜻을 가진다. 이 단어는 『정치학』 제1
    권 제2장 1252a30에도 사용되고 있다.

찬가지다.[26] 즉 여자는 남자 없이, 남자는 여자 없이 자연의 원칙을 만들어 낼 수 없다. 그래서 그들의 결합(koinōnia)은 필연[27]에 의해 만들어지고 있다.

그런데 다른 동물들에게서는 그러한 결합이 이성의 도움 없이 생겨나, 자연 본성에 맡겨지는 한 계속되고 아이를 낳기 위해서만 그런 것이다. 그러나 길들여지고 지성이 있는 동물에서는 결합이 훨씬 뚜렷하다(왜냐하면 서로의 도움이나 호의나 협력이 분명히 더 많이 생기는 것을 볼 수 있기 때문이다[28]). 특히 인간에게 있어서 그런 것은 단지 생존하기 위해서만이 아니라 잘 살기 위해서, 여자와 남자가 서로 협력하는 것이다. 그리고 아이를 낳는 것은 자연에 대한 공공 봉사[29]를 완수할 뿐만 아니라, 스스로에게도 이익이 된

26 남편과 아내의 공동생활이나 친애가 자연 본성적인 것에 대해서는 『정치학』 제1권 제2장 1252a26-31("다른 동물이나 식물에서처럼 자연 본성적으로 자신과 닮은 그러한 다른 것을 남기려는 강한 자극(ephietai) 때문에 그렇게 하는 것이다.") 및 『니코마코스 윤리학』 제8권 제12장 1162a16-33 참조.

27 『정치학』 제1권 제2장 1252a26("양자 중 어느 편이 빠져도 안 되는 사람들끼리 필연적으로 짝으로 결합해야 한다.") 참조. 이 말은 '[의식적인] 선택(prohairesis)에 의한 것이 아니라'는 것을 의미한다(1252a28). "또한 남편과 아내 사이의 친애(philia)도 자연에 근거한 것으로 생각된다. 왜냐하면 집이 폴리스보다 앞서는 것이고, 더 필연적인 것이며, 아이를 갖는 것이 동물과 더 공통적인 한, 인간은 자연 본성적으로 폴리스를 형성하기보다 오히려 남녀 쌍을 형성하기 때문이다"(『니코마코스 윤리학』 제8권 제14장 1162a16-19). 부부의 동반적 관계에 대한 설명에 대해서는 크세노폰의 『가정경영론』 제7장 19를 참조(1. 자식의 생산, 2. 자식이 늙은 부모를 공양하는 일은 부부 결합으로 가능한 일, 3. 가축과 달리 쉴 수 있는 거처를 필요로 하기 때문에).

28 동물이 갖는 다양한 성격의 차이에 대해서는 『동물 탐구』 제1권 제1장 488b11-28 참조.

29 원어는 leitourgia. 아이를 낳는 것을 '공공 봉사'라고 부르는 것에 대해서는 『정치학』 제7권 제16장 1335b28 참조. 일반적으로 leitourgia는 부유한 자에게 부여된 의무로 공적인 일을 위해 자신의 재산을 공동체에 기부하는 것이었다. 『정치학』에서 아리스토텔레스가 아이 낳는 일을 부자가 공동체에 기부하는 공적 기여 내지는 의무로 보았느냐 하는 것이다(1329a17-26). 이 일이 '공동의 좋음', '공공의 이익'에 이바지할 수 있는 것으로 보았던 것

다.[30] 왜냐하면 힘 있는 동안 그럴만한 힘이 없는 아이를 위해 애를 쓰며 고생하면, 노년에 힘이 떨어질 때 이번에는 힘을 기른 아이의 보살핌을 받을 수 있기 때문이다.[31]

그리고 동시에 자연 또한 이러한 주기[32]에 의해 개체로서는 할 수 없으나 종으로서는 영속성을 실현한다.[33] 이처럼 남자와 여자 각각의 자연 본성은 결합[공동체]을 위해 애초부터 신에 의해[34] 정해져 있다. 왜냐하면 남자와 여자는 같은 일에 대해 모든 면에서 도움이 될 수 있는 힘을 갖고 있지 않고,[35] 어떤 경우에는 서로 반대되지만 동일한 목표를 향하는 능력을 가진다는 점에서 남녀의 자연 본성은 구별되기 때문이다.

같다. 젊은이들은 군대에 봉사함으로써, 나이 든 사람은 입법과 사법에서 결정을 해야 하는 것이기 때문에(1329a2-17) 아이 낳는 일은 반드시 필요하다. 플라톤은 결혼해서 아이를 낳는 것을 불사성(athanasia)에 참여하는 것으로 보고 있다. 그래서 플라톤은 35세가 되어서도 자식과 아내에 대해 관심을 끊고, 결혼하지 않으면 해마다 얼마만큼의 벌금을 내도록 강제하고 있다(『법률』721B-C). 하지만 아리스토텔레스는 영생의 문제라기보다는 좋은 삶과 연관해서 '온전히 혼자 사는 사람은 행복하기 어렵다'라고 말한다(『니코마코스 윤리학』1099b3-4).

30 늙었을 때 자식이 부모를 부양하는 이익에 대해서는 크세노폰의 『가정경영론』 제7장 12절, 19절 참조.

31 제3권 147.19-20(Rose의 쪽수) 참조. 자식의 의미에 대해서는 제3권 143.16 아래 참조.

32 플라톤, 『법률』 제4권 721B~C 참조(나이에 적합하게 주기에 맞춰 결혼하며, 이것이 불사성에 관여한다는 생각).

33 개체 수준이 아닌 '종으로서의 영속성'(to aei kata to eidos)은 아리스토텔레스 생물학에 두드러진 주제다. 『동물의 발생에 대해서』 제2권 제1장 731b23-732a1, 『생성과 소멸에 대하여』 제2권 제10장 336b25-34, 『혼에 대하여』 제2권 제4장 415b3-7 참조. 종으로서의 영속성 개념은 플라톤에서도 볼 수 있다. 플라톤, 『향연』 206E 아래, 『법률』 제4권 721C~D 참조.

34 원어로는 hupo tou theion(신의 뜻, 신성).

35 "더욱이 소크라테스는 짐승의 대비로부터 이끌어 내어 여자도 남자와 마찬가지로 동일한 생활의 일에 종사해야 한다고 주장하나…"(『정치학』 제1권 제5장 1264b4 아래 참조).

자연은 남자의 신체 힘을 더 강하게 하고 여자의 힘을[36] 약하게 만들었는데, 그것은 후자가 두려움에 의해 더 조심스러워지고, 전자는 용기에 의해 공격에 대한 방어를 할 수 있기 때문이며,[37] 한쪽은 외부로부터의 부를 획득하고, 다른 쪽은 내부의 부를 보존하기 때문이다.[38] 또 일에 관해서도 한쪽은 앉아서 하는 일은 할 수 있지만 야외에서 야영하기에는 신체의 힘이 약하게 하고, 다른 쪽은 가만히 앉아서 하는 일은 서툴지만 움직임이 필요한 모든 것에 대비해 건장하게 만들었다. 그리고 아이를 낳는 것은 공동의 일로 했지만, 양육의 역할은 나뉘어 있다. 기르는 일은 여자의 몫이고 교육하는 일은 남자의 몫이다.[39]

36 여자의 연약함에 대해서는 플라톤의 『법률』 제6권 781a 참조.

37 크세노폰 『가정경영론』 제7장 25절("[신은] 남성보다 여성에게 두려움(조심스러움)을 더 많이 할당했고… 남자에게는 많은 용기를 할당해 준 것이다.") 참조.

38 동물 세계에서 나타나는 수컷과 암컷의 성격 차이를 비교한다. 이를테면, 암컷이 수컷에 비해 기개가 부족하고, 용기는 수컷이 많고, 성향에서 부드럽고, 말썽부리고, 단순하고, 충동적이고… 하는 식으로 성격을 대비하고 있다(『동물 탐구』 제9권 제1장 608a35-608b13 참조).

39 크세노폰의 『가정경영론』 제7장 18절 아래에서 남녀의 역할 차이에 대해 자세히 논하고 있다. 자식과 부모의 관계에 대한 언급은 『니코마코스 윤리학』 제8권 제14장 1161b27-29["부모는 자녀를 자신에게 속한 자로서 사랑함을 느끼는 것이고(자신으로부터 나온 것들은 말하자면, 독립되어 있다는 점에서 '또 하나의 자신'이기 때문이다), 자식은 부모를 자신을 낳아 준 자로서 사랑하고, 형제들은 같은 부모에게서 태어난 자들이기 때문에 서로 사랑한다."]

제4장 아내와의 교제에 대하여

첫째, 아내를 대할 때 행동에 대한 법률,[40] 아내에 대하여 부정의를 행해서는 안 된다는 법률이 있다. 그렇게 하면 그 사람 자신도 부정의[41]를 당하지 않으니까.[42] 이는 관습법에 의해 주요 원칙으로 10 제시되고 있으며, 마치 퓌타고라스학파 사람들이 "탄원자로 화덕에서 끌려온 여자에게는 결코 부정의를 저지르면 안 된다"라고 말한 것처럼,[43] 자기 집 밖에서[44] 다른 사람과의 성관계는 남편이 행하는 부정의의 하나다.[45] 성관계에 대해서는 남편이 있을 때는 끊

40 "법률 또한 남녀를 부부로 결합시키면서 이러한 의무를 정당화하고 있다. 즉 신이 아이를 위한 동반자로 부부를 만들었듯이, 법률은 부부를 가정의 동반자로 규정해 놓았다"(크세노폰, 『가정경영론』 제7장 30절 참조).

41 전체의 부분으로서 부정의와 '법을 어기는 것'에 대한 부정의에 대해서는 『니코마코스 윤리학』 제5권 제4장 1130a24 아래 참조.

42 "그런데 응보 또한 정의로운 일이지만, 다만 퓌타고라스학파 사람들이 말했던 방식은 아니다. 사람들은 누군가가 행했던 모든 것들, 그것들을 보상으로 받는 것이 정의롭다고 생각했다. 그러나 그러한 것이 모든 사람들과의 관계에서 성립하는 것은 아니다"(『대도덕학』 제1권 제33장 1194a29-32 참조).

43 제3권 142.20 참조. 이암브리코스, 『퓌타고라스의 생애』 제18장 84절 참조. 아내가 신들에게 보호를 요구하는 탄원자로 간주되고 있다. 탄원자는 집 아궁이(헤스티아) 옆에 앉아 그 집의 주인에게 보호를 청했다. 투퀴디데스, 『펠로폰네소스 전쟁사』 제1권 제136장 참조. 또한 화덕의 여신 헤스티아는 집안의 수호신인 동시에 국가의 수호신으로, 폴리스의 중심이 되는 시정 공공 관청인 프뤼타네이온(plutaneion)에도 모셔져 그 성스러움에는 불이 끊임없이 켜졌다. "똑같은 범행을 저지르는 것이오. 탄원자나 손님을 해코지하는 자도, 자신의 형제 침상에 올라 그의 아내와 은밀히 교합함으로써 예의를 짓밟은 자도… 제우스께서… 그의 부정의한 행동에 대해 엄중한 대가를 치르게 하지요"(헤시오도스, 『일과 나날』 317~334행).

44 "재물은 집 안에 있는 것이 더 좋소, 집 밖에 있는 것은 위험하기 때문이다"(헤시오도스, 『일과 나날』 365행).

45 심각한 범죄인 간통의 구체적인 예를 추가하고 있다.

15 임없이 요구하고 없을 때는 평정할[46] 수 없다는 것이 아니라, 남편이 있든 없든 만족하도록 아내를 습관화해야 한다.[47] 다음 헤시오도스의 말이 잘 들어맞을 것이다.

"처녀를 결혼시키고, 신중한 마음가짐을 가르치기 위해서."[48]

성격의 불일치만큼 애정을 줄이는 것은 없기 때문이다.

20 치장에 대해서는 반드시 성격을 가장해 서로 가까이 접해서는 안 되는 것처럼, 신체에 대해서도 그래서는 안 된다. 몸의 치장을 바탕으로 한 교제[49]는 장식을 두른 비극 배우들이 무대에서 서로 연기하는 것과 조금도 다르지 않다.

---

46 주제밀에 따라 hēsuchazein으로 읽는다.

47 이 조언의 의미는 명확하게 설명할 수 없어서, 여러 해석이 있다. 누가 주어가 되어야 하는지(남자, 여자, 아니면 남자와 여자, 혹은 먼저 남자 그다음은 여자) 뿐만 아니라, 부부 사이의 일상적 상호 교제를 이야기하고 있는지, 또는 성적인 의미에서 이야기하는지 불명하다. 다양한 해석에 대해서는 제펠의 주석(pp. 458~461) 참조. "결혼 생활의 성애(性愛)에 관련해서 아내는 남편을 성가시게 굴어서는 안 되며, 남편이 없을 때 불안해져서도 안 된다. 그러나 남자가 집에 있든지 없든지 아내가 만족할 수 있도록 습관을 들여야만 한다"(암스트롱).

48 헤시오도스, 『일과 나날』 699행.

49 즉 결혼 생활.

가정경제학

제5장 노예

재산 중에서도 가장 중요하고 무엇보다 필수적인 것은 가정을 유 지하기 위해 최선이며 가장 이익이 되는 것이다. 그것은 인간이 다.[50] 따라서 우선 진지한 노예를 손에 넣어야 한다. 노예에는 두 종류가 있으며, 관리하는 자와 노동하는 자가 있다. 교육이 젊은이 를 어떤 성격을 가진 자로 만든다는 것을 우리는 알고 있으므로, 자유인들이 할 일을 명하기 위해 손에 넣은 노예를 교육에 의해 길 러내는 것이 필요하다.[51]

노예와의 교제는 그들을 오만하게 만들어서도 안 되고, 느슨 하게 놔두어서도 안 된다. 그리고 자유인에게 더 가까운 자들에게 는 명예를 나눠 주고, 노동자들에게는 식량을 많이 나눠 줘야 한 다. 또 음주는 자유인도 오만하게 하고, 예를 들어 출정할 때의 카 르타고인처럼,[52] 많은 민족이 자유인이라도 마시는 것을 삼가게 하기 때문에, 노예에게는 술을 전혀 주지 않거나 극히 드문 경우

25

30

---

50 "노예 또한 재산의 일부임이 밝혀졌으므로"(『정치학』 제1권 제8장 1256a2-3). 주인의 도구로 서의 노예를 생명이 있는 재산의 일종으로 간주하는 것에 대해서는 『정치학』 제1권 제4장 1253b23-1254a13("노예는 일종의 생명을 가진 소유물") 참조.

51 노예가 가져야 할 지식이 있었고, 노예에게 일상의 의무 등을 가르치는 교육이 이루어지고 있었던 것에 대해서는 『정치학』 제1권 제7장 1255b25-27 참조. 주인이 갖는 지식은 '노예 를 부리는 지식'이다. 아리스토텔레스는 『정치학』에서 주인과 노예마다 다르며, 하는 일과 능력이 다르다는 말을 '노예 앞에 노예 있고, 주인 앞에 주인 있네'라는 격언으로 언급하고 있다. 또한 밭을 관리하는 노예를 교육하는 중요성에 대해서는 크세노폰의 『가정경영론』 제12장 참조.

52 플라톤, 『법률』 674A~B(출정 중, 통치 기간, 재판관들, 아이를 만들 생각을 하는 경우 남녀 등 에 술 금지 규정) 참조.

외에는 주어서는 안 된다는 것은 분명하다.

고려해야 할 세 가지 요소가 있다. 일과 징벌과 식량이다.[53] 징

벌을 주지도 않고 일하지도 않는데 식량을 얻게 한다면, 오만을 낳

는다. 반면 일과 징벌은 있어도 식량이 없으면 폭력적이고 무능하

게 만든다. 따라서 남아 있는 것은 일과 충분한 식량을 제공하는

것뿐이다. 왜냐하면 보상을 주지 않고[54] 지배하는 것은 불가능하

5 고, 노예에게 보상은 식량이기 때문이다. 다른 사람들의 경우에도

뛰어난 일을 했던 사람들에게 더 나은 대접이 생기지 않고 덕과 악

덕에 대한 보답이 없다면 그들이 점차 나빠지듯이 집안 노예들에

대해서도 그와 같은 일이 일어난다.[55] 그러므로 우리는 그들을 잘

관찰해 식량이든 의복이든 휴식이든 징벌이든, 그들의 공적에 따

라 각각의 것을 나누어 주거나 빼앗아야 한다. 이때 약을 처방하는

10 의사의 능력을 말이든 행위든 흉내 내는 동시에, 식량은 약과 달리

계속해서 주어야 할 것임에도 주의를 기울일 필요가 있다.

일에 가장 적합한 노예들은 지나치게 겁이 많아서도 안 되

고,[56] 지나치게 용감해서도 안 되는 성질을 가진 자들이다. 왜냐하

---

53 노예에게 충분한 식량이나 임금의 몫을 주지 않는 성격을 묘사하는 테오프라스토스의 『성격의 유형』 30 참조.

54 보상(misthos)은 존중(timē)과 영예(geras)이다(『니코마코스 윤리학』 제5권 제6장 1134b6).

55 우월성에 따른 비례 관계가 주어지지 않을 때는 '동등하지 않음'이 원인이 되어 내란이 일어난다(『정치학』 제5권 제1장 1301b26-1302a15 참조).

56 비겁한 자는 자신이 해야 할 어떤 일(의무)을 아무것도 수행해 낼 수 없다. "방종하고 비겁한 사람은 자신이 해야 하는 어떤 일(의무)을 아무것도 수행해 낼 수 없기 때문이다"(『정치학』 제1권 제13장 1260a1-2).

면 양쪽으로 지나친 자들은 모두 부정의를 저지르기 때문이다. 즉 지나치게 겁이 많은 자들은 인내심이 없고, 격정적인 자들은 다루기가 어렵기 때문이다.[57]

모든 노예에게는 일하는 연한도 정해 줄 필요가 있다. 보상으로 자유를 정해 두는 것은 정의롭고 유익하니까.[58] 왜냐하면 보상이 있고 기한이 정해져 있으면, 그들은 기뻐하며 노고에 힘쓰니까. 또한 아이를 낳는 것을 인정하는 대가로 그들을 일에 묶어 두어야 한다. 그리고 폴리스(국가)의 경우에도 마찬가지지만 동족의 노예를 많이 소유해서는 안 된다.[59] 또 제의나 오락은 자유인을 위해서보다 오히려 노예를 위해서 행해야 한다. 왜냐하면 그러한 관행의 위로를 누려야 할 이유가 노예들에게 더 많기 때문이다.

---

57 『정치학』제7권 제10장 1330a27-28("노예들은 기개[thumos]를 갖지 않는 것이 최상이다. 그래야 반란을 일으키지 않는다는 점에 관련해서도 안전하다.") 참조. 그래야 그들이 하는 일에도 유용하며, 반란을 일으키지 않는다는 것이다.

58 비슷한 사고방식은 『정치학』제7권 제10장 1330a31-33에서 제시되고 있다("어떤 방식으로 노예를 사용해야 하는지, 또한 모든 노예에게 포상으로 자유를 제시하는 것이 왜 더 나은 것인지 하는 이유에 대해서는 나중에 논하게 될 것이다."). 이 점에 대해서도 아리스토텔레스의 약속은 이행되지 않았다. 여기서 이 점이 말해진 것으로 보인다. 아마도 노예는 돈으로 자신의 자유를 샀을 수도 있고, 주인에게 헌신적으로 봉사함으로써 자유라는 보상(포상, athlon)을 얻을 수도 있으며, 돈벌이가 되는 손재주를 가진 노예들은 그 덕에 해방될 수도 있었을 것이다. 아리스토텔레스의 유언장에는 자기를 진정으로 섬긴 노예에게 자유의 몸으로 해준다고 쓰여 있다(디오게네스 라에르티오스, 『유명한 철학자들의 생애와 사상』제5권 15 참조).

59 『정치학』제7권 제10장 1330a26 참조.

제6장 재산 관리
—가장의 업무와 집의 구조에 대하여

가정을 맡은 가장의 임무는 재산 관리와 관련하여 완수해야 할 역할에 따라 네 종류[60]가 있다. 즉 재산을 획득할 수 있어야 하고, 그것을 지킬 수 있어야 한다[61](만일 지키지 못하면 획득해도 전혀 이익이 없다. 그것은 체로 물을 긷는 것과 같으며, 말하자면 구멍 뚫린 항아리[62]다). 게다가 재산을 정돈하고[63] 운용할 수 있어야 한다. 왜냐하면 그것을 위해서 재산을 획득하고 지킬 것을 요구했기 때문이다.[64]

재산의 각각은 구별되어야 하고, 결실을 맺는 재산을 결실이 없는 재산보다 더 많이 가져야 하며, 모든 재산이 동시에 위험해지지 않도록 거래는 분산되어야 한다. 재산을 지키기 위해서는 페르시아나 라코니아의 방식을 채택하는 것이 유익하다. 아티카의 가정관리 방식에도 이점이 있다. 즉 그들은 판 물건에 따라 물건을

---

60 재산의 획득, 보존, 정리, 운용.

61 아리스토텔레스는 재산의 획득과 그것의 사용을 구별한다(『정치학』 제1권 제8장 1256a11 아래 참조).

62 다나이오스의 50명 딸 중에 49명이 결혼 첫날밤에 자신들의 남편을 살해했기 때문에, 하데스에서 '물이 새는 항아리'에 쉼 없이 물을 붓는 형벌을 받았다고 한다(아이스퀼로스, 『구원을 청하는 여인들』 참조). 『정치학』 제6권 제5장 1302a31 아래, 크세노폰의 『가정경영론』 제7장 40절, 플라톤의 『고르기아스』 493B, 『국가』 363D-E 참조.

63 "물건을 당신에게 넘겨줄 때, 그것들을 어디에 두어야 하고 어디에서 가져와야 하는지… 각각의 것들을 어디에 두어야 하는지… 인간에게 '정돈처럼' 그렇게 유용하고 좋은 것은 없다"(크세노폰, 『가정경영론』 제8장 2절 아래 참조).

64 주인의 지식과 노예의 지식 차이에 대해서는 『정치학』 제1권 제7장 1255b20-39 참조.

사기 때문에,[65] 작은 가정에서는 창고를 설치하지 않아도 된다.

페르시아의 방식[66]은 디온이 디오뉘시오스[67]에 대해 말했듯 35
이, 가장 스스로 모든 것에 명령을 내리고 모든 깃을 감독하는 것
이었다. 왜냐하면 다른 사람의 것과 자신의 것을 똑같이 돌보는 사
람은 아무도 없기 때문에,[68] 가능한 한 스스로 돌볼 필요가 있다. 1345a
페르시아인의 격언과 리뷔에인의 격언이 잘 들어맞을 것이다. 전
자는 말을 가장 잘 살찌우는 것이 무엇인지 물음을 받은 사람이
'주인의 눈'이라고 대답했다고 한다.[69] 반면 최선의 비료가 무엇이
냐는 물음을 받은 리뷔에인은, '주인의 발자국'이라고 대답했다고 5
한다.

그런데 가정관리의 일이 남편과 아내에게 할당됨에 따라, 주
인 스스로 감독해야 할 일과 아내가 감독해야 할 일이 있다.[70] 또

---

65 페리클레스의 '가정관리술'은 1년 치 수확물을 한꺼번에 팔고, 그러고 나서 생필품을 한 점
   씩 시장에서 구해 생활에 대는 것이었다고 한다. 플루타르코스, 『페리클레스』 제16장 4절
   참조.

66 크세노폰, 『가정경영론』 제4장 8절 아래 참조.

67 디온과 쉬라쿠사이의 참주 디오뉘시오스 1세에 대한 일화에 대해서는 『아리스토텔레스 정
   치학』 제5권 제10장 1312a5-8 참조(김재홍 옮김, 그린비, 2023, 각주 51 참조). 디온은 플라톤
   의 친구이자 그의 가장 뛰어난 학생이었다고 한다. 플라톤이 디온을 위해 기원전 387년, 디
   온의 초청을 받아들여 현실 정치에 참여하기 위해 쉬라쿠사이로 여행을 떠나기도 했다.

68 소유가 결여된 플라톤의 '재산공유제'를 비판하는 아리스토텔레스의 논점에 대해서는 『정
   치학』 제2권 제3장 1261b32-38 참조.

69 페르시아의 왕이 훌륭한 말을 가능한 한 빨리 살찌우게 하는 방법이 무엇이냐고 물었을 때,
   전문가가 '주인의 눈'이라고 답했다고 한다. 즉 주인의 눈이 가장 훌륭하고 일을 잘 시킨다
   는 것이다. 일에 대한 '주의력'(epimeleia)을 기울이면 그 일에 유능한 관리인이 될 수 있다
   (크세노폰, 『가정경영론』 제17장 20절 참조). 플루타르코스, 『자녀 교육에 대하여』(『모랄리
   아』) 제13장 9D에서 언급되고 있다.

70 남편과 아내의 임무 분담에 대해서는 크세노폰, 『가정경영론』 제7장 35~37절, 제9장 15절

작은 가정관리에서는 감독은 가끔 하면 되지만, 관리인에 의해 관리되는 경우에는 자주 해야 한다. 즉 다른 경우든 감독의 경우든 훌륭한 본보기를 보이지 않으면 훌륭하게 흉내 낼 수도 없는 것이다. 주인이 주의가 깊지 않다면 관리인이 주의를 기울이는 일은 있을 수 없기 때문이다.[71]

다음 일도 덕을 위해 훌륭한 일이며 가정관리에도 유익하다. 그것은 주인이 하인보다 먼저 일어나서 더 나중에 자도록 유의하는 것이다. 그리고 집은 폴리스(국가)와 마찬가지로 결코 무방비 상태가 되어서는 안 된다. 야간이든 주간이든 해야 할 일을 방치해서는 안 된다. 때로는 야간에 일어나는 일도 필요하다.[72] 그것은 건강에도 가정관리에도, 철학에도[73] 유익하기 때문이다.

재산이 적을 경우에는 아티카 방식으로 수입을 처리하는 방

참조.

71 크세노폰, 『가정경영론』 제12장 18절("주인이 부주의한 시범을 보였는데, 노예가 주의 깊게 되는 일은 힘든 법이다.") 참조.

72 "따라서 정치체제를 염려하는 사람들은 시민들이 정치체제를 경계하도록 하며, 야경꾼처럼 정치체제에 대한 경계 태세를 결코 게을리하지 않도록 공포심을 불러일으켜서 멀리 떨어져 있는 위험을 가까이 있는 것처럼 느끼게 해야 하는 것이다"(『정치학』 제5권 제8장 1308a27-31).

73 어떤 철학을 말하는 것일까? 『정치학』에는 주인은 가정관리에서 생기는 성가신 일에서 벗어나 '정치적인 일이나 철학하는 일에 전념해야 할 것'이라고 말하고 있다(제1권 제7장 1255b36-37). 여기서 언급되는 철학은 넓은 의미의 '지혜를 탐구하는 것'을 의미할 것이다. 철학의 훈련(askēsis)을 강조한 에픽테토스는 "밤을 새워 고되게 일해야 하고, 집안 식구들과 떨어져 있어야 하고, 노예의 자식들에게서 멸시를 당하고…"(『엥케이리디온』 제29장 7절 참조). 아리스토텔레스의 저작에서 이에 대응하는 표현으로는 '인간과 관련된 사항에 대한 철학'(anthrōpina philosophia)(『니코마코스 윤리학』 제10권 제9장 1181b15-16), '정치철학'(philosophia politikē)(『정치학』 제3권 제12장 1282b23)이란 표현이 나온다.

법이 도움이 된다.[74] 그러나 재산이 큰 경우에는 1년의 지출과 월 20
별 지출을 구별하고, 또 일상적으로 사용하는 도구와 드물게 사용
하는 도구를 구분해 그것들을 관리인에게 맡겨야 한다.[75] 그 외에
원래대로 유지되고 있는 물건과 부족한 물건을 빠뜨리지 않도록
정기적으로 검사해야 한다.

    주택 구조는[76] 재산과 거주자의 건강과 복지를 고려해 건축되 25
어야 한다. 재산을 고려하는 것에 관련해서, 내가 말하는 것은 예
를 들어 어떤 것이 수확물이나 의복의 보존에 도움이 되는지, 또
수확물에 관련해서도 건조한 것[77]과 수분이 많은 것의 보존에 도
움이 되는 것은 각각 어떤 것인지, 다른 재산에 대해서도 생명이
있는 것에 도움이 되는 것과 생명이 없는 것에 도움이 되는 것은
각각 어떤 것인지 (심지어 노예나 자유인, 여자나 남자, 외국인이나 30
동료 시민에 대해서도 어떤 도움을 줄 수 있는지 고려하는 일이다).[78]
또 복지와 건강을 고려해서라는 것은, 여름철에는 통풍이 잘 되고,
겨울철에는 햇볕이 잘 들어야 하는 것이다. 그러한 조건의 집이란
북쪽에서 부는 바람으로부터 보호되며,[79] 정면의 폭이 좁고 깊이

---

74   아티카 방식에 대해서는 1344b31-33 참조.

75   크세노폰의 『가정경영론』 제7장 35~37절 참조.

76   집의 구조와 기능을 이야기하는 크세노폰, 『가정경영론』 제9장 2~5절 참조.

77   햇볕에 건조된 작물뿐만 아니라 호두, 밤, 아몬드 등.

78   재산 관리를 논의하는 맥락상 자연스럽게 연결되지 않는 문장이다.

79   집의 방향으로, 남쪽을 향하는 것을 말한다. 플라톤, 『크리티아스』 118B 참조.

가 긴 것이다.[80]

가정관리에서 다루는 재산이 큰 경우에는 다른 일에는 도움
이 되지 않는 자라도 물건을 반입하고 반출을 지키는 문지기로서

도움이 될 것으로 보인다. 도구를 잘 이용하기 위해서는 라코니아
의 방식이 도움이 된다. 즉 각각 하나씩을 그 고유의 장소에 두어
야 한다. 그러면 언제든지 사용할 수 있는 상태에 있고 찾을 필요
도 없기 때문이다.[81]

---

80 "우리 집에는 겨울에 해가 들고 여름에는 그늘이 진다는 사실이 분명하다"(크세노폰,
『가정경영론』 제9장 5절 참조). 집안의 구조가 묘사되고 있는 플라톤의 『프로타고라스』
314C~315A 참조. 시민의 건강과 안정을 고려하는 폴리스의 위치와 지형 구조에 대해 논
하고 있는 『정치학』 제7권 제11장 1330a38 아래 참조. 당시 집안의 공간적 구조에 대해
서는 L.C. Nevett, *House and Society in the Ancient Greek World*, Cambridge, 1999, p. 79, pp.
123~126, pp. 173~175 참조.

81 물건 정리 정돈의 중요성이 강조되고 있는 크세노폰의 『가정경영론』 제8장 2~16절 참조.

제
2권

제1장 다른 종류의 재정
—왕, 총독, 국가, 개인의 재정

재정 운용을 적절히 챙기려는 사람은 자신이 일하는 환경에 대한 1345b7 경험이 부족해서는 안 되며,[82] 타고난 소질을 부여받아 선택에서 는[83] 노고를 아끼지 않아야 하며 정의를 지켜야 한다. 왜냐하면 이 러한 요소들 중 무엇인가가 결여되어 있다면, 그가 하는 일에 관해 많은 실수를 하게 되기 때문이다. 재정 운용의 일은 유형별로 분류 하면 네 종류다(다른 것도 이 분류에 해당한다는 것을 우리는 발견할 테니까). 왕의 재정, 총독(satrapeia, satrapia)의 재정, 국가 재정, 개인의 가정이다.

---

82 즉 자신이 일하는 환경에 대해 잘 알아야 한다.

83 즉 확실히 내리는 결정을 말한다. 태생적으로 자연적인 것과 대비되어 인위적인 선택(pro-
hairesis)을 이야기하는 『정치학』 제1권 제2장 1252a28-29("이것[남녀의 결합]은 선택에 의한
것이 아니라, … 자연적으로 자신과 닮은 그러한 다른 것을 남기려는 강한 자극 때문에 그렇게
하는 것이다.") 참조.

이들 재정 가운데 가장 중대하고 단순한 것은 왕의 재정이다. (…)[84] 국가의 재정은 대단히 다양하지만 운영은 쉬우며, 개인의 가정은 가장 작고 매우 다양하다. 그것들이 서로 많은 공통점을 가지고 있다는 것은 필연적이다. 그러나 그 자체에 입각해서 각각에게 가장 고유하다고 생각되는 점을 우리는 고찰해야만 한다.

그렇다면 첫 번째, 왕의 재정을 살펴보자. 그 권력은 두루 미치지만 네 영역을 가진다. 화폐와 수출품과 수입품과 지출의 영역이다.

이것들 각각에 대해 말해 두기로 하자. 내가 말하는 것은 화폐에 대해서는 어떤 화폐를 어떤 때 만들어야 하는가이다. 수출품과 수입품에 대해서는 어떤 시기에, 어떤 것을 총독들로부터 정해진 세금으로 받아[85] 처분하면 왕에게 이익이 줄 것인지, 지출에 대해서는 무엇을 어느 시기에 삭감해야 하는지, 또 지불할 때는 화폐를 주어야 하는지 혹은 화폐 대신 상품을 주어야 하는지 고찰하는 것이다.

두 번째, 총독의 재정에는 여섯 종류의 수입원이 있다.[86] 이것

---

84 이 탈락 부분에 들어가는 것으로서 Goettling은 '총독의 재정은 중요하고 곤란하다'를, 주제밀은 '총독의 재정은 중요하고 다양하다'(megistē de kai poikilōtatē hē satrapikē)를 보충한다.

85 en tē tagē[i]를 세금으로 간주했다. 제2장 1348a7에서는 phorous(주인에게 바치는 공물)라는 말이 사용되고 있다. 페르시아 대왕 다레이오스 1세가 20개 통치관구(사트라페이에)로 나누어 총독을 임명하고 민족마다 납세액을 정한 것에 대해서는 헤로도토스의 『역사』 제3권 제89장 참조.

86 대본에 따라 apo gēs, apo tōn en tē[i] … apo tōn allōn("토지로부터, 지역의 특정한 산물로부터, 상품 시장으로부터, 세금으로부터, 가축으로부터, 다른 것들로부터 나오는")을 삭제한다.

들 중 첫째 가장 중요한 것이 토지에서 얻는 세수입으로 토지세라고 부르는 사람도 있고, '십분의 일세'(dekaton)[87]라고 부르는 사람도 있다. 둘째는 각각의 토지 특산물로부터의 수입으로, 금이니 온이나 동 기타 산출물로부터 얻을 수 있는 수입이다. 셋째는 상품거래소에서 얻을 수 있는 수입이다. 넷째는 밭이나 시장에 매겨진 세금에서 생기는 수입이고, 다섯째는 가축에서 얻는 것으로 목축세라든가 '십분의 일세'('십일조')라 불린다. 여섯째는 인간에게서[88] 얻어지는 것으로 인두세(人頭稅)나 기술자 영업세(營業稅)로 명명되어 있다.

세 번째, 국가 재정이다. 가장 중요한 수입원은 국토의 특산물에서 발생한다. 다음은 상품거래소와 통과관세[89]에 따른다. 그다음은 정기적으로 부과된 특별세에 따른다.

마지막으로 개인의 가정관리 재정이다. 한 가지 목적을 목표로 가정을 운영해서는 안 되기 때문에 여러 가지 차이가 있지만, 수입과 지출이 적기 때문에 가장 작다. 우선 중요한 수입은 토지에서 얻을 수 있다. 둘째는 그 밖에 계절적 생업[90]에서 얻어지고, 셋

87　아래의 각주 93 참조.

88　allōn(Loeb판, 암스트롱)이 아니라 대본에 좇아 anthrōpōn으로 읽는다.

89　폴뤼비오스, 『역사』 제4권 제52장 참조.

90　전해지는 사본은 e[n]gklēma(e[n]gklēmatōn, Loeb판)로 되어 있는데 법적 '소송'을 뜻하는 말로 법적 비용을 고려하면 문맥에 전혀 맞지 않는다. 농업과 화폐 거래 외의 민간 재정관리에 적합한 남은 수입원이 있다(R. Zoepffel). 대본대로 egkuklēmatōn(3rd. Basel, Schneider [1907, van Groningen1933], 뷔데판)으로 읽는다.

째가 돈에서[91] 얻어진다. 이 외에 모든 재정에 공통되는 것(그리고 결코 뒤로 미루지 말고 주의를 기울여야 하는 것)으로, 특히 필요한 것은 지출을 수입보다 크게 하지 않는 것이다.

그러면 위와 같은 구분에 대해서는 말했으니, 이제 우리가 관련된 총독이나 국가가 방금 우리가 구별한 모든 수입을, 혹은 그것들 중에서도 가장 중요한 수입을 창출할 수 있는가 고찰해야 한다. 만일 그것들을 찾을 수 있다면, 그것들을 이용해야 한다. 그다음으로 수입 중 현재는 전혀 없지만 어떤 것이 생길 가능성이 있는지, 또 어떤 것이 현재는 작지만 어느 쪽이든 크게 늘릴 수 있는지, 나아가 현재 지출 중 무엇을 얼마간 삭감해도 전체에 아무런 해를 끼치지 않는지 고찰해야 한다.

우리는 이렇게 해서 다양한 재정과 구성 요소들에 대해서 이야기를 마쳤다. 또한 옛 사람들이 재산을 획득하기 위해 사용한 방법이나 교묘한 재정 운영 방법들 중 말할 만한 모든 사례를 수집하기로 한다. 이런 탐구를 여기서 채택하는 것은 결코 무익하지 않

다. 왜냐하면 그들 중 어떤 방법은 장차 자신이 종사하는 것에도 적용될 수 있기 때문이다.[92]

---

91   문자적으로는 '은화로부터'다. 반 그로닝겐은 '자연적인 화폐 소득'으로 이해한다(『정치학』 제1권 제9장 1257b40 아래 참조). 화폐에 각인을 누름으로써 화폐의 무게를 측정하는 수고를 덜게 함으로써 상업적인 유형의 재화획득술이 생겨났다.

92   『정치학』 제1권 제1장 1259a3-5에서는 누가 어떤 방법으로 재산 획득에 성공했는지 기록한 보고가 다른 사람들의 저작에 산재해 있으므로, 이를 수집하면 '재산획득술'을 중시하는 사람에게 도움이 된다고 기술되어 있다. 그 대표적 일화가 밀레토스의 탈레스다. 다가올 올리브의 풍작을 예측하고 올리브 짜는 도구를 모조리 임차해서, 막상 그 같은 일이 닥치자

제2장 군주들이 재산을 획득한 다양한 방책들
—78가지의 사례

1. 코린토스의 큅셀로스[93]는 만일 자신이 국가의 권력을 장악했을 경우, 코린토스인들이 가진 모든 재산을 바칠 것을 제우스에게 맹세했기 때문에, 그들에게 재산 등기를 하라고 명령했다. 그리고 등기된 재산의 각각으로부터 그 10분의 1 부분을 취하고,[94] 그 나머지를 잘 활용하도록 명령했다. 한 해가 돌아오자, 그는 또 그와 같은 일을 행했다. 그 결과 10년 후에 그가 봉헌하기로 약속한 모든 것을 제우스가 얻게 되었고, 코린토스인들도 그만큼의 것을 얻었다.[95]

2. 낙소스 뤽다미스[96]는 시민을 추방할 때 추방자들의 재산을

1346b

5

도구를 찾는 많은 사람들에게 빌려줌으로써 막대한 돈을 벌었고, 이를 통해 철학자도 마음만 먹으면 부자가 될 수 있다는 이야기가 전해진다.

93 코린토스의 참주(재위: 기원전 657/655년경~ 기원전 627/625년경)로 페리안드로스의 아버지. 인민을 선동해 헤라클레스의 후예를 자랑하던 귀족 바키아다이 가문의 과두정 지배를 무너뜨리고 30년간이나 권력을 잡았다(헤로도토스, 『역사』 제5권 제92장 참조). 권력 찬탈 과정에 대해서는 폴뤼아니노스의 『전술서』(*Stratēgēmata*) 제5권 31절, 도편추방제도(오스트라키스모스)에 관련된 페리안드로스와 트라쉬불로스의 이야기에 대해서는 『정치학』 제3권 제13장 1284a20-33 참조.

94 이것은 소유자(개인, 성소, 공동체)에게 토지를 사용할 권리에 대한 지불이며, 수확량의 10퍼센트에 해당하는 것이다(1345b32 아래 참조). 아테나이의 페이시스트라토스는 자신을 승리자로 여겼고 따라서 모든 재산에서 10분의 1('십분의 일세', '십일조')을 부과했다. 자신이 전체 땅의 소유자라고 생각했다(『아테나이의 정치체제』 제16장 4절 참조). 두 번째 형태는 전쟁 승리 후 전리품 수익금의 10퍼센트를 봉헌하는 것이다.

95 큅셀로스 집안의 신에게 바치는 봉헌물에 의해 피지배자들을 가난하게 만드는 결과를 가져온다는 언급에 대해서는 『아리스토텔레스 정치학』 제5권 제11장 1313b20-26(그린비, 각주 23) 참조.

96 뤽다미스는 기원전 540년경부터 기원전 524년까지 퀴클라데스 제도 중에서 가장 큰 섬인 낙소스의 참주였다(재위: 540년경~524년경, 헤로도토스, 『역사』 제1권 61, 64, 『아테나이의 정

아무도 원하지 않고[97] 소액으로만 사려고 했기 때문에 정작 추방자 자신에게 팔았다. 몇몇 일터에서는 이들이 주문해 절반가량 완성됐던 봉헌물도 산 자의 이름을 그 위에 새기는 것을 허락하고, 추방자나 다른 희망자에게 팔아 치웠다.[98]

3a. 뷔잔티온[99] 사람들은 자금 부족에 직면해 공공의 성스러운 땅을, 결실이 많은[100] 땅은 일정 기간을 정해서, 결실이 적은 땅은 무기한 매각했다. 그들은 종교 숭배단[101]의 땅도, 조상 전래의 땅도

치체제』 제15장 2, 3, 『정치학』 제5권 제6장 1305a41 참조). 아테나이의 참주 페이시스트라토스에 가세해서 그 지원을 받고 있었다. 과두정 지배계급 출신인 그는 과두정에 반대해 인민을 이끌다가 나중에 참주가 된 인물이다. 나중에 스파르타인들에게 쫓겨난다.

97 이는 아마도 아테나이의 오스트라키스모스(도편추방제)에서 비롯되었을 것이다. 추방당하더라도 토지소유권이 있었다고 한다. 민주정을 채택한 폴리스들에서 채택된 오스트라키스모스(ostrakismos)는 도편(ostrakon)에 폴리스에 위해(危害)가 될 만한 사람의 이름을 적어내어 아고라의 투표 장소에 가서 던지게 하면, 행정관들은 가장 많은 표가 나온 사람을 10년 혹은 나중에는 5년간 시민권과 재산을 박탈하지 않고 해외로 추방하는 제도로 클레이스테네스에 의해 도입되었다(『아테나이의 정치체제』 제22장). 참여자가 6000명에 미달하는 경우는 무효로 처리되었다. 추방된 사람이라도 자신의 재산을 처분할 수 있었다고 한다.

98 절반가량 마무리 된 봉헌물은 신의 것도 장인의 것도 아니며, 다른 재산과 마찬가지로 미리 돈을 낸 추방자의 것으로 간주되어 성스러운 성격을 빼앗겨 단순한 매물로 취급되고 있다.

99 현재의 이스탄불로 기원전 475년경 아테나이의 장군 키몬(기원전 510년~기원전 450년)에 의해 점령되었는데, 이 핍박한 상황은 델로스동맹으로부터의 배반을 거듭한 기원전 5세기 중반경의 일로 추정된다. 기원전 660/659년경에 건설된 전략적으로 유리한 위치에 있는 이 도시는 보스포루스해협과 흑해의 곡물 무역을 통제함으로써 큰 중요성을 얻었으며, 이로 인해 여러 권력의 이해관계로 인한 경쟁 대상이 되풀이되었다.

100 결실을 맺는 재산과 그렇지 않은 재산에 대해서는 제1권 제6장 1344b27-29 참조.

101 '종교 공동체'라고 할 수 있다. 원래는 개별 그룹과 특히 가까운 신을 숭배하기 위해 국가 숭배와 더불어 외부에 존재했던 모임이다. 이후 이익과 생활공동체가 이로부터 발전했다. 아리스토텔레스에 따르면 "일부 공동체는 쾌락을 위해 생긴 것으로 여겨졌는데, 신자들 모임이나 회식 모임 등이 그렇다. 왜냐하면 이러한 공동체는 희생 제의나 친목을 위한 모임이기 때문이다. 그리고 이러한 모든 공동체는 폴리스 공동체에 종속되는 것처럼 보인다. 왜냐하면 폴리스 공동체는 즉각적 이익을 추구하는 것이 아니라 삶의 전반에 걸친 이익을 추구하는 것이며, 동시에 사람들은 제사를 지내고, 그것을 위해 함께 어울리며, 신들에게 명예를 분배하고, 동시에 자신들에게도 즐거운 휴식을 가져다주기 때문이다. 실제로 예로부터

마찬가지였다.[102] 또 개인이 소유한 토지 중에 있던 공공 토지도 마찬가지로 취급했다. 그 이유는 토지 주변의 다른 부분을 소유한 자들이 높은 가격으로 그 토지를 매입했기 때문이다. 그러나 종교 숭배단 단원들에게는 체육장과 시장, 항구 근처에 있는 다른 공공 토지가 할당되었다. 사람들이 무언가를 파는 공공 광장의 모퉁이 땅도 팔았다. 그리고 바다 어업권도 팔았다. 소금 독점 판매권도 팔았다. 또 전문 마술사, 점쟁이, 약장수 및 다른 그러한 사람들에게 그렇게 할 수 있는 <영업 용지를 주고>,[103] 그들에게 영업 수입의 3분의 1을 지급할 것을 명령했다. 화폐 환전 권리를 한 명의 환전상에게만 팔았기 때문에 누구도 다른 사람에게 화폐를 환전해 팔거나 다른 사람에게서 화폐를 살 수 없었다. 만약 위반하면 몰수됐다.

3b. 그들에게는 부모 양쪽이 시민이 아니면 시민이 될 수 없다는 법률이 있었지만,[104] 자금 부족에 직면해서 부모 중 어느 한쪽이

희생 제의나 친목은 '햇곡식의 봉납 제의'와 같이 수확물을 거두어들인 후에 행해진 것으로 보인다. 왜냐하면 이러한 시기야말로 사람들에게 가장 여유로운 시기이기 때문이다"(『니코마코스 윤리학』 제8권 제9장 1160a19-30).

102 '공공의 성스러운 토지소유권'을 신에게 할당하는 것은 이미 호메로스 서사시에 기록되어 있다. 신성한 법에서는 실제 사원 지역과 신의 별도 토지소유권을 구별했다. 신들과 연관된 토지는 일반적으로 다른 국유지와 마찬가지로 공공 사원 관리 기관에 숭배 목적으로 주어졌다(S.E. Alcock R. Osborne(eds.), *Placing the Gods: Sanctuaries and Sacred Space in Ancient Greece*, Oxford 1994). '조상 전래의 땅'(ta patriōtika)은 '부족 별로 소유하는 땅'(Hekatostyes['100'])을 말하는 듯하다.

103 텍스트에 탈문이 있으며, 여기서는 주제밀에 따라 tous topous를 보충했다.

104 비슷한 법이 아테나이에도 있어서 시민이 증가했기 때문에 페리클레스의 제안에 의해 결의되었다고 한다. 그러나 나중에 페리클레스가 친생자를 잃었을 때 밀레토스 태생의 애첩 아스파시아와의 사이에서 난 서자를 후계자로 삼았기 때문에 그 자신에 의해 법 집행이 정

시민권을 가진 자라면 30므나[105]를 지불하고 시민이 될 수 있다고 결의했다.

30 3c. 기근이 들어 [곡물을 살] 자금 사정이 어려워지자, 그들은 흑해에서 온 선박을 기항하도록 했다. 그러나 시간이 지나면서 그 배의 무역상들이 불만을 터뜨리기 시작하자, 이들에게 10퍼센트의 이자를 주기로 약속하고, 산 자들에게는 대금과 별도로 10퍼센트를 더 지불하라고 명령했다.

1347a 3d. 체류 외국인 중 일부가 부동산을 담보로 돈을 빌렸을 때, 그들은 부동산 소유권이 없었기 때문에 희망자들이 대출금의 3분의 1을 납부하면 누구든지 합법적으로 부동산을 소유할 수 있다고 결의했다.[106]

4a. 아테나이 힙피아스[107]는 공공 도로 위에 내민 집의 위층 방
5 과 집의 정면 계단과 울타리와 바깥쪽에 열린 문을 매물로 내놓았

지되었다고 한다(『아테나이의 정치체제』 제26장, 플루타르코스, 「페리클레스」 제24장, 제37장 참조).

105 헬라스의 화폐 단위는 타란톤(talanton), 므나(mna), 드라크마(drachmē), 오볼로스(obolos)로 구성됐다. 1타란톤은 60므나, 6000드라크마, 3만 6000오볼로스에 해당한다. 1오볼로스는 하루 품삯에 해당한다. 1므나는 100드라크마.

106 대출자가 시민권을 갖지 않는 경우에는 토지를 담보로 해도 돈이 돌아오지 않으므로 대출자 자신을 담보로 삼기도 했다(데모스테네스, 『포르미온 옹호』 제36장 6절 참조).

107 아테나이의 참주(재위: 기원전 527년~기원전 514년)로 페이시스트라토스의 큰아들. 아버지 사후 동생 힙파르코스와 함께 문예를 보호하기 위해 새긴 화폐를 발행하고, 올림포스의 제우스 신전을 세우는 등 온건한 정치를 펼쳤으나, 기원전 514년 동생이 암살된 이후 분노에 사로잡혀 폭정을 벌여 많은 시민을 추방하고 처형했다(헤로도토스, 『역사』 제5권 제62~65장, 제91~96장, 제6권 제102~107장, 『아테나이의 정치체제』 제17~19장 참조).

다.[108] 그 소유자들이 샀기 때문에 많은 돈이 모였다.

4b. 그는 아테나이인들에게 유통되던 통화를 통용하지 못하도록 하고, 공정가격을 정해 자신에게 가져오라고 명령했다. 그러니 다른 각인을 찍기 위해 사람들이 화폐를 가지고 갔을 때 그는 동일한 화폐를 돌려주었다.[109]

4c. 삼단노선에 복무하는 역할이나[110] 부족장[111]이나 합창대 봉사자[112]가 되거나 혹은 다른 이들과 유사한 공공 봉사의 지출을 하게 되는 자들에게, 그는 적당한 액수의 대금을 정하여 희망자가 그 대금을 지불하면 공공 봉사[113]를 이미 마친 자로 등록된다고 정했다.

10

108 공공 도로를 벗어난 건축에 대한 동일한 규제에 대해서는 『아테나이의 정치체제』 제50장 2("또 도로에 튀어나온 건물이나 노상에 내민 발코니, 도로를 향해 흘려보내는 뚜껑 없는 폐수관, 도로 쪽에 접한 여닫이창을 금지한다.") 참조.

109 힙피아스는 동일한 화폐를 유통시키게 되었는데, 이 화폐에 부여된 새로운 가치의 차익으로 이익을 얻었을 것이다(Wartelle, p. 54).

110 삼단노선 한 척의 유지비와 인건비를 1년간 부유한 시민이 부담하고 지휘관 역할을 맡을 수 있는 것으로 가장 명예로운 일로 꼽혔지만, 많은 지출을 강요당해야 했으므로 다른 시민들에게 떠넘기고 피해 나가기 위해 재판에 부쳐서 자신의 가난을 호소하는 사람도 있었다(아리스토파네스, 『개구리』 1065행 아래, 『기사』 912행 아래 참조).

111 『아테나이의 정치체제』 제8장 참조.

112 chorēgos(합창지휘자)라고 불리는 자로, 합창대에 드는 모든 비용을 부담했다(『아테나이인의 정치제체』 제56장 참조).

113 공적 봉사(leitourgia)는 연극 합창단 기금 마련, 해군을 위한 장비인 삼단 노 부착, 폴리스를 위한 잔치 제공과 같이 부자들의 사적 자금으로 지불되는 모든 공공 봉사를 말한다(『니코마코스 윤리학』 1122b22-23). '공적 봉사를 하다'(leitourgein)란 말은 부자들의 '자선 기부 행위'라고 말할 수 있다. 이를 통해서 폴리스에서 자신들의 명성과 정치적 영향력을 높일 수 있었고, 중요한 역할을 수행했다. 기원전 4세기에 들어 부담이 커지면서 이 제도는 점점 더 '관료화'되었다. 그 밖에도 이 말이 언급되는 사례에 대해서는 『정치학』 1272a20, 1291a38, 1305a5(공적 부담금), 1309a18, 1314b14, 1320b4, 1321a33, 1330a13(공적 예배) 참조. 『아테나이의 정치체제』 제56장 3(합창대), 제61장(해군의 삼단노선) 참조.

4d. 그는 죽은 자를 위해 보리 1코이닉스[114]와 같은 양의 밀과 1오볼로스[115]를 아크로폴리스 아테나 신전의 무녀에게 바치는 것으로 결정했고, 아이가 태어난 자에게도 그와 같은 것을 정했다.[116]

5. 포티다이아[117]에 거주하던 아테나이인들은[118] 전쟁을 위한 자금이 필요해 모든 사람에게 재산 등록을 명령했다. 각 사람이 자신의 구(區, 데모스)에 모든 재산을 모아 등록하는 것이 아니라 가난한 사람들이 재산 사정(査正)을 할 수 있도록 각각의 재산을 그것이 있는 장소에서 등록하도록 명령했다. 재산을 아무것도 가지지 않은 자에 대해서는, 그 자신의 몸뚱이를 2므나로 산정했다. 이러한 등록에 따라 사람들은 국가에 분담금을 납부했다.

6. 안티사[119]의 <소시폴리스>[120]는 국가의 돈이 부족할 경우, 25

---

114 약 108리터로, 1코이닉스가 하루에 한 사람에게 할당된 곡물의 양이다.

115 6오볼로스=1드라크마.

116 아테나 신전은 적어도 나중에는 아테나이의 국고(國庫)로 사용되었고, 이런 점에서 일종의 국고를 상징했다고 볼 수 있다. '죽음과 출생에 대해 종교적으로 위장된 세금'인 셈이다. 이렇게 모아진 수입은 아테나이의 축제 비용으로 충당되었을 수도 있다.

117 에게해 북부 칼키디케 반도 맨 서쪽 팔레네 반도의 뿌리에 있는 도시로, 기원전 600년경에 코린토스로부터의 이민자에 의해 건설되었다. 페르시아전쟁 후 아테나이의 압박이 싫어 델로스-아티카 해상동맹을 탈퇴하고 배반했기 때문에, 아테나이군의 포위 공격을 받고(기원전 432년~기원전 429년) 항복했다. 소크라테스가 종군하고 부상당했던 알키비아데스를 도운 것이 이 싸움이었다. 항복 후 도시는 아테나이인의 정착지가 되었지만, 기원전 356년 마케도니아 왕 필립포스 2세에 의해 점령되어 파괴되었다(크세노폰, 『헬라스 역사』(Hellenike) 제5권 제2장 15, 24, 39절, 제3장 6절, 플루타르코스, 「페리클레스」 제29장, 「알키비아데스」 제7장 참조).

118 아티카 지역 바깥에 아테나이의 재산인 토지(kleros)가 주어지는 아테나이 시민들이 있었다. 이들도 구(demos)나 부족(phule)의 구성원이었다.

119 레스보스섬의 북서부 도시로 항구가 있었다(스트라본, 『지리지』 제1권 제3장 19절, 제13권 제2장 4절 참조).

120 헬라스어 사본에는 이름(Sosipolis는 '도시의 구세주'라는 의미)이 빠져 있으나, 라틴어 사본에

시민들에게 디오뉘시아 축제[121]를 호화롭게 축하하는 풍습이 있었고, 그 축제에서는 일 년 내내 준비한 값비싼 희생물과 그 밖의 많은 것을 바쳤으므로 제례가 임박하자 시민들을 설득해, 이듬해 디오뉘소스에게 두 배의 바침을 맹세하고, 이를 함께 모아서 팔았다. 필요한 목적을 위해 이들에 의해 모아진 자금은 적지 않은 액수에 달했다.

7. 람프사코스[122] 사람들은 수많은 삼단노선이 자신들을 향하고 있을(공격할) 것으로 기대하며, 1메디무노스(medimnos)[123] 분량의 으깬 보리는 4드라크마였는데 상인들에게 6드라크마로 팔라고 명령했다. 그리고 1쿠스(kous)[124]의 올리브기름은 <3>[125] 드라크마였는데 4드라크마와 3오볼로스로 팔듯이, 심지어 포도주와 다른 물건들도 마찬가지로 그렇게 했다. 그래서 개별 상인들은 제값만

30

35

1347b

서 추가했다. 이 인물에 대해 다른 곳에서는 알려져 있지 않다. 보고된 이 사건을 역사적으로 특정할 수는 없다. 안티사가 아테나이에서 배반한 시기(기원전 428년~기원전 427년)라고 할 수도 있을 것 같지만, 전쟁에 직면한 위기 상황에서의 수단으로는 이보다 철저한 방법이 채택되어야 마땅할 것이다(투퀴디데스, 『펠로폰네소스 전쟁사』 제3권 제18장, 제28장 참조).

121 모든 이오니아인에게 공통된 3일간의 '디오뉘소스 축제'인 Anthesteria에 대해서는 Walter Burkert(1977), pp. 358~364 참조.

122 소아시아 서북부 해안 뮈시아 지방 헬레스폰토스해협 남안에 있는 항구도시로 포카이아인 식민도시. 역사가 카론과 아낙시메네스, 철학자 메트로도로스의 출신지다. 기원전 479년의 뮈카레 전투에서 페르시아군이 헬라스 연합군에 패배한 후에, 아테나이에 고액의 공납을 하고 델로스동맹에 가담했다(투퀴디데스, 『펠로폰네소스 전쟁사』 제1권 제138장, 제6권 제59장 참조). 그 후 알렉산드로스 대왕에게 정복될 때까지 변화무쌍한 운명을 겪었다. 바르텔은 사건 날짜를 기원전 410/409으로 제안하고 있다.

123 곡물 같은 고형물을 재는 단위로 약 52리터.

124 액체를 측정하는 단위로 3.24리터.

125 Boeckh의 삽입.

받고, 웃돈은 국가가 챙겨 국가는 윤택해졌다.[126]

8. 헤라클레이아[127] 사람들이 보스포루스 참주[128]들에 대하여 40척의 배를 파견했을 때의 일이다. 충분한 자금이 없어 무역상들에게 부탁해 곡물, 올리브유, 포도주 및 다른 모든 식량의 대금 지급을 미뤄둔 채 손에 넣었다. 무역 상인들에게도 적하물을 소매로 파는 것보다 한꺼번에 파는 것이 편하고 좋았기 때문이다. 헤라클레이아 사람들은 두 달 치 임금을 병사들에게 주고, 수송선에 그 식량들도 함께 실어 날랐는데, 각 배에는 회계 담당자를 태웠다. 그들이 적지에 도착하자, 병사들은 회계 담당자로부터 자신의 식량 전부를 구입했다. 그래서 그 돈이 모이자마자 장군들은 다시 임금을 지불했다. 그 결과 병사들이 집으로 돌아갈 때까지 똑같은 금전이 지급된 것이다.

9. 라케다이몬인들은 사모스인들로부터 귀국을 위한 자금을 자신들에게 달라는 요청을 받았을 때, 자신들과 집안사람들 및 가축이 죄다 하루를 굶고 각각이 소비하는 분량의 것을 사모스인들

---

126 아테나이에서 군선(삼단노선)의 입항이 기대되고 있었다. 펠로폰네소스전쟁 중으로 기원전 409년경의 일화로 알려져 있다.

127 영웅 헤라클레스를 기려 창건된 도시 중 하나인 헤라클레이아 폰티케로 북서부 흑해 연안에 기원전 560년경에 세워진 메가라 식민도시. 유리한 항구 덕분에 이 도시는 흑해의 해상 무역에서 지배적인 위치를 얻었으며, 현재 사례가 이 점을 충분히 보여 준다(크세노폰, 『아나바시스』 제5권 제6장 10절, 『정치학』 제5권 제5장 1304b31 참조). 기원전 389년~기원전 388년 사이의 사건으로 보인다. 여기서 언급된 군인이 시민군인지 용병인지는 불확실하다.

128 킴멜리아 보스포루스를 지배한 트라키아계 왕가로 헬라스계 식민도시 판티카파이온(Pantikapaion)을 중심으로 아조프해 연안 여러 지역을 거느린 참주 국가를 만들었다.

에게 주기로 결의했다.[129]

　10. 칼케돈[130] 사람들은 자신들의 국가 안에 수많은 용병을 거 _20_
느리고 있었지만, 밀린 임금을 용병에게 지급할 수 없었다. 따라서
그들은 시민이든 체류 외국인이든, 국가나 개인에 대해 압류의 권
리를 가지며, 압류를 희망하는 자는 등록하라는 포고를 냈다. 많은
사람들이 등록했기 때문에 그럴듯한 구실을 붙여 흑해로 항행 중 _25_
인 복수의 선박을 나포했다. 그러면서 이들의 나포 이유를 설명하
는 기간도 정했다. 많은 돈이 모였으므로, 그들은 병사들을 해고하
고, 나포에 관한 재정(裁定)을 실시했다. 부당하게 나포된 자들에
대해서는 국가가 세입원에서 배상을 실시했다. _30_

　11. 퀴지코스인들은[131] 내란으로 서로 다투다 인민들이 승리
를 거두고 부자들을 붙잡았을 때, 병사들에게 임금을 지급해야 했
기 때문에 붙잡힌 자들을 사형시키지 않고 돈을 거둬들인 뒤 추방

129　명확하지는 않지만 크니도스 앞바다의 해전에서 스파르타 해군이 격파되는 기원전 394년
　　으로 추정된다. 이와 유사한 일화는 플루타르코스『비슷하고 다른 친구에 대하여』(『모랄리
　　아』) 64B 참조.

130　비튀니아의 헬라스 식민도시로 보스포루스해협의 동쪽 아시아 쪽, 뷔잔티온 강 건너에 위
　　치했다. 현재는 이스탄불 시 구역에 속한다. 당시 칼케돈은 아테나이의 정치적 영향력 아래
　　에 있었다. 기원전 685년경 메가라인에 의해 건설되었다고 여겨진다(스트라본,『지리지』제
　　7권 제6장 2절, 제12권 제4장 2절, 투퀴디데스,『펠로폰네소스 전쟁사』제4권 제75장 참조).

131　소아시아 서북부 뮈시아 지방 북안의 도시. 기원전 756년경 코린토스 식민도시로 세워졌
　　고, 기원전 675년 밀레토스인들에 의해 재건되어 흑해와 에게해를 잇는 교역지로 번창해
　　퀴지코스제 금화가 널리 유통되었다. 펠로폰네소스전쟁에서는 아테나이 측과 스파르타 측
　　사이에서 흔들렸으나 기원전 410년 퀴지코스 앞바다에서 알키비아데스가 스파르타 해군을
　　격멸하자, 도시는 아테나이군을 영입해 거액의 군자금을 제공했다(투퀴디데스,『펠로폰네소
　　스 전쟁사』제8권 제107장, 크세노폰,『헬라스 역사』제1권 제1장 9~20절, 플루타르코스,『알키
　　비아데스』제28장 참조). 이 일화의 연대를 특정할 수는 없다.

하기로 결의했다.

12. 키오스인들은[132] 시민들에게 빚을 공적으로 기록하도록

하는 법률을 가지고 있었지만, 자금 부족에 시달리자, 채무자가 국가에 빚을 갚고 원금과 같은 액수를 갚을 때까지 국가 세입으로부터 채권자에게 이자를 지급하겠다고 결의했다.[133]

13a. 카리아의 참주 마우솔로스는[134] 페르시아 왕이 공물을 바치라고 그에게 사자를 보냈을 때, 그 땅의 가장 부유한 자들을 모아 페르시아 왕이 공물을 요구하고 있으나, 자신은 지불할 능력이 없다고 말했다. 그러자 곧 미리 지시받은 자들이 각자 얼마만큼을 바칠 것인가를 그에게 제의했다. 그들이 그런 행동을 했기 때문에,

10 더 부유한 자들은 부끄러워하면서도 두려움도 느끼고, 그들보다 훨씬 더 많은 액수를 약속하고 바쳤다.

13b. 다시 돈이 궁해지자, 그는 뮈라사[135] 사람들을 모임에 불

132 에게해 동부, 소아시아 서안 앞바다의 큰 섬. 이 보고의 연대는 특정할 수 없다.

133 개인 채무자가 채권자에게 빚을 갚는 대신 국가에 빚을 지불하고 국가가 채권자에게 이자를 지불한다는 것인데, 실질적으로는 국가가 개인 빚을 거둬 모으는 것을 의미한다.

134 소아시아 카리아의 총독(아카이메네스 왕조의 사트라페이스)으로 참주였다(재위: 기원전 377년경~기원전 353년경). 종주국이었던 페르시아의 왕 아르타크세르크세스 2세에 대한 총독(태수)들의 반란(기원전 362년)에 가담해 뤼디아와 이오니아 등으로 영토를 확장했다. 아마도 국내 정치적 측면에서, 그는 자신의 권력 지위를 안정시키기 위해 페르시아 왕의 위협이 있을 수 있는 상황을 매우 교묘하게 이용했음이 분명하다. 할리카르나소스에 있는 그의 무덤은 세계 7대 불가사의 중 하나다. 마우솔로스가 총독들의 반란에 가담한 시기는 기원전 364년부터 기원전 361년까지였다.

135 칼리아의 중심 도시(Mulasa)로 페르시아제국의 총독이 된 헤카톰노스가 기원전 390년에 새로운 수도를 건설하고 아들 마우솔로스가 기원전 367년경에 할리카르나소스로 천도할 때까지의 수도였다. 천도 후에도 제우스의 신역을 거느린 종교적 주도(主都)로서의 지위를 유지했다.

러 모아, 이 도시는 자신의 수도인 시벽(市壁)을 가지고 있지 않으며, 게다가 페르시아 왕이 그를 향해 진군하고 있다고 했다. 그리고 뮈라사인들을 향해 지금 바치는 것에 의해서 그들의 나머지 재산을 구하게 될 것이라고 말하면서 각 사람이 할 수 있는 한 많은 돈을 바치라고 명령했다. 많은 기부가 모아졌기 때문에, 그는 그 큰돈을 손에 쥐자 이번에는 시벽 건설을 신이 지금은 허락하지 않는다고 했다.[136]

14a. 마우솔로스의 부총독 콘달로스[137]는 그가 지방을 여행할 때 사람이 양이나 돼지나 송아지를 내밀면 그 기증자와 날짜를 기록하도록 한 다음, 그에게 그 가축을 집으로 데려오게 하고 그가 돌아올 때까지 사육하라고 명령했다. 충분한 시간이 흘렀다고 여겨질 무렵, 그는 사육된 가축 자체뿐만 아니라 목축세까지 계산해 요구했다.

14b. 그는 '왕의 길'[138] 위로 내민 나무와 쓰러진 나무를 팔아 수익으로 삼았다.

14c. 병사들 중 누군가 한 명이 죽자, 그는 성문의 통문세(通問稅)로 시체 한 구당 1드라크마를 요구했다. 이런 데서도 돈을 뜯어

---

136 이 일화의 연대는 기원전 364년부터 총독들의 반란이 끝나는 기원전 361년경으로 대략 추정된다.

137 다른 곳에서는 알려지지 않은 인물이다. 그의 직무는 재정상의 문제에 대처하고 자금을 모아 재정을 유지하는 것이다.

138 다레이오스 1세(기원전 522~기원전 486년)가 기원전 5세기에 건설한 제국의 간선도로로 숙소역이나 수비대도 포함되어 왕도(王都)인 수사에서 2700킬로미터 떨어진 사르디스까지 연결되어 있었다.

냈을 뿐만 아니라, 언제 병사가 죽었는지에 대해서도 지휘관들은 그를 속일 수 없었다.

14d. 그는 뤼키아인들이[139] 머리 기르는 것을 좋아하는 것을 알게 되자, 페르시아 왕으로부터 가발을 위해 머리카락을 보내라는 서한이 왔다고 했다. 그들의 머리를 깎으라고 마우솔로스에 의해 자신이 명령받았다고 한다. 그래서 그는 만일 자신에게 일정액의 인두세를 낼 의사가 있다면 헬라스로부터 머리카락을 보내주자고 했다. 사람들은 기꺼이 그가 요구한 것을 지불했기 때문에 많은 사람들로부터 많은 돈이 모였다.

15a. 포카이아[140]를 지배하고 있던 로도스[141]의 아리스토텔레스[142]는 돈이 궁핍할 때, 포카이아인들 중 다투는 두 당파를 보면서, 한쪽 당파에 비밀리에 제의하고 다른 쪽 당파 사람들이 자신들에게 유리하게 조처해 주는 조건으로 그에게 돈을 내밀고 있는데,

---

139 소아시아 남서부 연안 지방으로 카리아 동쪽에 위치한다. 기원전 546년 페르시아에 정복되어 한때는 마우솔로스의 영토가 되었다.

140 소아시아 서안의 이오니아에 있는 지방 도시. 헬라스 중부 포키스 지방 주민들과 아테나이인이 건설한 식민도시. 포카이아인은 원양 항해의 선구자로 여겨지고 있다(헤로도토스, 『역사』 제1권 제142장, 제163~164장, 제2권 제178장 참조).

141 에게해 동남단, 소아시아의 카리아 지방의 강 건너에 위치하는 큰 섬으로 도리스계 헬라스인의 식민도시가 건설됐다.

142 로도스섬에서 아리스토텔레스라는 이름은 흔했다. 여기서 말하는 아리스토텔레스가 누구인지는 다른 문헌에서도 알려져 있지 않다. 사례가 연대순이라고 믿는 바르텔은 사건을 기원전 360년경으로 설정하고 있다. 마우솔로스가 총독 반란 이후 다양한 이오니아 도시들과 충돌하게 되었을 때를 가리킨다. 그렇다면 아리스토텔레스가 마우솔로스의 총독이 되었을 수도 있다. 암스트롱은 그를 플라톤의 『티마이오스』에 대한 프로클루스(Proclus) 주석에 나오는 아리스토텔레스라는 사람으로 보고, 증거 없이 그의 이름이 적힌 포카이아(Phocaia)의 동전을 언급하고 있다(p. 362).

가정경제학

그 자신은 오히려 이쪽 당파 사람들로부터 돈을 받아 국가 관리의 요직을 이쪽에 주고 싶다고 전했다. 그 자리에서 그 말을 들은 사람들은 즉시 그가 요구한 대로 돈을 제공했다. 그리고 이번에는 다른 쪽 당파 사람들에게, 저쪽 당파로부터 받았다는 것을 드러냈다. 그들 또한 그에 못지않은 것을 주겠다고 했다. 그는 양쪽으로부터 돈을 받고 나서 그들을 서로 화해시켰다.[143]

15b. 또 그는 전쟁으로 장기간에 걸쳐 부정의가 만연했기 때문에, 시민들 사이에 많은 재판이 일어나고 있는 것을 알아차리고, 자신이 법정을 세우겠다며 미리 정한 기간에 신청하지 않으면, 그전에 제기된 소송에 관해서도 판결을 내리지 않겠다고 선언했다.[144] 그래서 수많은 재판의 공탁금을 <받았고>[145], 그를 향한 상소에는 패소의 벌금을 부과하고, 원고와 피고 양측으로부터 다른 쪽을 이용해 금전을 취했으므로 적지 않은 재물을 모았다.

16a. 크라조메나이[146] 사람들이 기근에 빠져 금전 부족의 어려움을 겪을 때, 개인적으로 올리브유를 가진 사람들은 이자를 붙여

---

143 이 예는 13a의 예를 연상시킨다. 거짓된 가식(假飾)과 각각의 심리적 동기를 교묘하게 이용해 다른 사람들로부터 돈을 착취하며, 승리에 대한 희망을 이용하고, 또한 명예나 수치심을 이용하는 술책이다. 이 경우에 관련된 금액에도 불구하고, 영향을 받는 모든 사람이 궁극적으로는 해당 조치의 혜택을 받는다는 점이 강조되고 있다.

144 전쟁 중 어떤 재판도 열리지 않았다고 한다.

145 14행의 대본에서 빠진 부분(…)을 aitōn으로 읽는다(von Groningen).

146 소아시아 서안 이오니아 지방의 도시로, 이오니아동맹의 12개 도시 중 하나. 원래는 스뮈르나만의 남안에 있었으나, 페르시아인들을 두려워해 스뮈르나만의 섬으로 이주했다(기원전 500년~기원전 494년경). 후에 알렉산드로스 대왕이 제방을 쌓고 섬과 육지를 연결했다고 한다. 철학자 아낙사고라스의 출생지이기도 하다.

국가에 그것을 대여하기로 결의했다. 그들의 땅에서는 그 열매가 풍부하게 수확되었기 때문이다. 사람들이 대여하자 그들은 배를 고용해 그 기름을 거래소에 보냈다. 올리브유 가격을 담보로 거래소에서 곡물이 그들에게 전달되었다.

16b. 그들은 병사들에게 20타란톤의 임금 부채를 떠안고 어쩔 수 없이 지휘관들에게 연 4타란톤의 이자를 지불하고 있었다. 그러나 원금을 전혀 갚지 못해 번번이 돈을 헛되이 썼기 때문에, 은 20타란톤의 액면가가 되는 철 화폐를 주조하기로 하고, 이후 국가에서 가장 부유한 사람들에게 각각의 재산 크기에 따라 철 화폐를 할당하고, 그들에게서는 각각의 액면과 같은 은을 받았다. 이렇게 개인 시민은 하루하루 필요한 것에 지불하기 위한 화폐를 소유하고, 국가는 부채를 모두 갚게 되었다. 그다음, 국가 세입부터 지휘관들에게 지급하던 이자 분을 조금씩 분할해 적절한 비율에 따라 각자에게 분배해 철전(鐵錢)을 회수한 것이다.

17. 셀뤼브리아[147] 사람들은 일찍이 돈에 결핍된 적이 있었다. 그러나 그들에게는 곡물을 수출하면 안 된다는 법이 있었다.[148] 기근이 일어났을 때, 그들 곁에는 먼저 수확된 곡식이 남아 있었기[35]

---

147 보통은 셀륌브리아라고 불리는 트라키아 남부의 도시로, 뷔잔티온에서 서쪽으로 약 80킬로미터, 프로폰티스(현재의 마르마라해) 북안에 위치한다. 원래는 메가라인들의 식민도시였다. 존재 시기는 기원전 360년경으로 추정한다. 크세노폰, 『헬라스 역사』 제1권 제1장 21절, 플루타르코스, 『알키아비아데스』 제30장 참조.

148 주제밀을 비롯해 몇몇 학자들은 여기에 탈문이 있는 것으로 보았다(Armstrong, p. 366 각주 1). 대본에 좇아 exagein <einai>, [en] limō[i]로 읽는다.

때문에 개인은 각자 1년 치 식량을 남기고 정해진 가격으로 국가에 팔도록 결의했다. 그런 다음, 적합하다고 생각하는 가격을 정하고 원하는 사람에게는 수출을 허용했다. 1349a

18. 아뷔도스[149] 사람들은 내란이 일어나 토지를 경작할 수 없었고, 게다가 체류 외국인들에게는 이미 빚이 있었기 때문에, 그들도 자신들에게 돈을 빌려주지 않았을 때 희망자들이 농민들에게 경작을 위한 돈을 빌려주기로 결의했고, 수확물의 첫 수확은 빌려준 그들에게 누리게 하고, 다른 자들은 그 나머지를 받기로 했다. 5

19. 에페소스인들은[150] 자금 부족에 빠졌을 때, 여자들에게 황금장식이 있는 옷을 금지하고, 현재 가지고 있는 모든 황금을 국가에 대여할 것을 명령하는 법을 정했다. 또한 납부할 금액을 정해 그것을 지불한 자가 신전 기둥에 봉납자로 자신의 이름을 새기는 것을 허락했다.[151] 10

---

149 소아시아 서북부 뮈시아 연안의 항만도시로 헬레스폰토스해협의 가장 좁은 땅에 있으며 유럽 쪽 세스토스 시를 마주 본다. 아뷔도스 청년 레안드로스와 세스토스의 아프로디테 여신관 헤로(Hērō)의 비련(悲戀) 이야기로 유명하다. 기원전 7세기 밀레토스인들이 건설한 식민도시로 기원전 514년 이후에는 페르시아의 지배 아래 있었으나 페르시아전쟁 이후에는 델로스동맹에 가담했다. 펠로폰네소스전쟁 중 아테나이를 배반하고 스파르타 측에 해군기지를 제공했다(투퀴디데스, 『펠레폰네소스 전쟁사』 제8권 제61~62장, 『정치학』 제5권 제6장 1305b33, 1306a31 참조). 이 보고의 시기는 참주 이피아데스가 권력을 잡기 전인 기원전 360년 직전으로 추정한다.

150 소아시아 서부의 유명한 도시로 아르테미스 여신 숭배의 땅으로써 아르테미스 신전이 기원전 560년경에 세워졌다. 기원전 356년에 방화로 소실되었으나, 기원전 334년~기원전 325년에 재건되었으며, 이 보고는 그 재건 후의 일이다.

151 아르테미스 신전 재건 과정에서 시민들이 재산을 가져간 보고에 대해서는 스트라본의 『지리지』 제14권 제1장 22절 참조.

20a. 쉬라쿠사이 디오뉘시오스는[152] 금을 모으고 싶어서, 민회를 소집하자 여신 데메테르[153]가 그에게 나타나 여인들의 장식품을 여신의 신전으로 가져오라고 명령했다고 알려줬다. 그 자신은 자신의 집안 여자들의 장식품을 그렇게 했다고 말하고 여신으로부터 분노를 불러일으키지 않도록 다른 사람들도 그렇게 할 것을 요구했다. 그리고 그렇게 하지 않는 자는 신전 털이의 죄를[154] 짓게 될 것이라고 했다. 모든 사람이 여신을 위해, 또 그를 위해 가지고 있는 모든 것을 가져오자, 그는 장식품을 여신에게 바친 후에 여신으로부터 빌려준 것으로 가져가 버렸다. 시간이 흘러 여자들이 다시 장식품을 입기 시작하자, 황금장식을 입고 싶은 자는 정해진 액수를 신전에 납부하도록 명령했다.

20b. 그가 삼단노선을 건조하려고 할 때 자금이 부족하다는 것도 알고 있었다. 그래서 민회를 소집해 어떤 한 도시가 그에게 배신하려고 하고 그 도시가 돈을 요구하고 있다며 시민들에게 각각 2스타테르[155]를 기부하라고 요구하자 시민들은 기부했다. 2, 3일 사

---

152 디오뉘시오스 1세(기원전 430년경~기원전 367년경)로, 기원전 405년에 참주가 되어 탐욕스럽고 냉혹하며 가혹한 압정을 시행했다. 『정치학』에서도 여러 번 언급되고 있으며, 디오뉘시오스 1세가 독점판매 할 수 있는 교묘한 궁리를 고안해 낸 것에 대해서는 제1권 제11장 1259a24 아래 참조.

153 데메테르(Dēmeter) '어머니 여신'으로, 곡물과 밀접하게 연관되어 있어서 곡물이 풍부한 시켈리아에서 특히 존경을 받았다. 데메테르 신전도 있었다.

154 신전에서의 도둑질은 중대한 범죄로서 잡힌 자에게는 사형을 포함해 엄벌이 내려졌다. 『정치학』 제5권 제4장 1304a3, 플라톤의 『법률』 제9권 854D('노예나 외국인인 경우 얼굴과 손에 이 죄과를 새기게 하고, 매를 맞고, 폴리스의 경계 밖으로 발가벗긴 채 내던져졌다.') 참조.

155 페르시아의 황금 동전으로 20드라크마의 가치다.

이를 두고 나서 그 음모가 실패했다며 시민들에게 감사를 표한 뒤 각자 기부한 금액을 돌려주었다. 그는 그렇게 시민들로부터 신뢰를 얻었다. 이후 이들은 다시 돌려받을 수 있다고 생각해 다시 기부를 했다. 그러나 그는 돈을 받자, 배를 건조하기 위해 그것을 자신의 것으로 만들었다.

20c. 충분한 은이 없었을 때, 그는 주석으로 화폐를 주조하고 민회를 소집해 주조된 그 화폐의 사용을 크게 장려했다. 이들은 원 치 않았지만 각각 받은 것을 주석이 아닌 은화로 봐야 한다고 결의했다.

20d. 다시 돈이 부족해 그는 시민들에게 기부를 요구했다. 그 러나 시민들은 자신들에게 기부할 돈이 없다고 대답했다. 그래서 그는 자신에게 있던 가구를 꺼내 곤궁 탓인 양 그것들을 팔려고 내놓았다. 쉬라쿠사이 사람들은 그것들을 구입했지만, 그는 각각 무엇을 샀는지 기록했다. 사람들이 대금을 지불하자, 그는 각자가 산 가구를 반납하라고 명령했다.

20e. 재산세 때문에 시민들이 가축을 기르지 않게 되었을 때, 그는 과세된 가축의 수는 이미 자신에게 충분하며, 따라서 앞으로 가축을 구입한 사람들은 면세해 줄 것이라고 말했다. 가축을 세금 없이 키울 수 있다고 생각해 많은 사람들이 곧 많은 가축을 구입했다. 시기를 가늠해, 그는 가축의 사정을 명하고 과세를 했다. 시민 들은 속은 것에 분개해 가축을 도살해 팔기 시작했다. 이에 하루에 필요한 만큼 가축을 도살하라고 명령하자, 시민은 신에 대한 희

생으로 가축을 도살했다. 그래서 그는 암컷의 가축을 희생에 바치는 것을 금지하는 포고를 내놓았다.

20f. 또다시 돈이 부족해지자, 고아뿐인 모든 집을 그에게 등록하라고 명령했다. 다른 사람들이[156] 등록했기 때문에 그는 고아들 각각이 성인이 될 때까지 그들의 재산을 마음대로 사용했다.

20g. 레기온[157]을 점령했을 때, 그는 주민들의 집회를 소집해, 자신의 손으로 그들은 노예로 되어 응징을 받아야 하는데, 지금은 전쟁을 위해 들어간 돈과 각각의 당사자에 대해 3므나를 받으면 그들을 풀어 주겠다고 말했다. 그래서 레기온 사람들은 이전에 숨겨 둔 모든 재산을 밝히고 가난한 사람들은 더 부유한 사람들과 외국인에게서 돈을 빌려 그가 명령한 대로 돈을 내밀었다. 그 모든 것을 그들로부터 받아들였지만, 그럼에도 그는 모든 자를 노예로 팔아 치우고, 이전에 숨겼다가 드러난 가재도구 일체를 압수했던 것이다.

20h. 그는 갚겠다는 약속으로 시민들로부터 돈을 빌렸으나, 시민들이 그에게 반납을 요구하자 가지고 있는 만큼의 돈을 자신에

---

156 allōn 대신에 pantōn(Sylburg)으로 읽기도 하고, 그냥 빠뜨리고 읽기도 한다(암스트롱). '고아의 후견인'에 해당하는 자들을 가리키는 것으로 본다.

157 이탈리아 반도 남단 헬라스인의 도시. 메시나해협을 가로질러 시켈리아 섬마을 메세네강 건너에 위치한다. 디오뉘시오스 1세에게 포위되었다가 1년 가까운 군량 공세를 만나 굶주려 항복하고, 점령당한 다음 파괴되었다(기원전 386년). 디오도로스에 따르면 디오뉘시오스는 6000명 이상을 포로로, 그중 상당수를 쉬라크사이로 보내서 몸값으로 은 한 푼을 지불한 자는 풀어 주고, 그것을 지불할 수 없는 자는 노예로 팔도록 명령했다고 한다. 레기온의 역사에 대해서는 스트라본의 『지리지』 제6권 제1장 6절 참조.

가정경제학

게 가져오라고 명령하고, 그렇지 않으면 벌로 사형시키겠다고 했다. 이들이 돈을 가져가자, 1드라크마 화폐에 2드라크마 각인을 새로 누른 뒤 돌려주고 자신에게 부과됐던 빚을 갚았다.

20i. 그는 튀르레니아[158]를 향해 100척의 배를 출항시켰고, 레우코테아[159] 신전에서 많은 양의 금이나 은이나 그 밖의 적은 않은 30 장식품을 약탈했다. 해군들도 많은 물건을 숨기고 있다는 것을 알게 되자, 포고를 내고 각자가 가지고 있는 물건의 절반을 자신에게 1350a 내놓으라고 명령하고, 내밀지 않는 자에게는 벌로 사형을 명했다. 해군들은 절반을 내밀면 나머지 절반은 자신의 것이 될 것이라는 생각에 안심하고 건넸다. 그러나 그는 그것들을 받아들이자, 나머 5 지 절반을 내놓으라고 다시 명령했다.

21a. 멘데[160] 사람들은 항구나 그 밖의 것들에서 자신들에게 들어오는 세수를 국가의 행정에 충당하고, 토지나 집에서는 세금을 징수하지 않지만, 그 소유자를 등록하고 있었다. 금전이 필요할 때 10 그들은 납세 의무가 있는 자로서 세금을 지불했다. 그때에 이르기

---

158 이탈리아 북중부 에트루리아 지방을 말한다. 레우코테아 신전 약탈은 기원전 384년의 일로 역사학자 디오도로스(기원전 1세기)는 60척의 삼단노선으로 경비가 적은 신전을 덮쳐 1000 타란톤이 넘는 막대한 돈과 약탈품을 손에 넣고, 그 자금으로 용병을 고용해 카르타고인과의 싸움에 대비했다고 기술하고 있다(스트라본, 『지리지』 제5권 제2장 8절 참조).

159 레우코테아는 헬라스어로 '하얀 여신'을 뜻하는 바다의 여신이다. 헤라의 분노로 아타마스의 아내 이노(Ino)가 품에 아들을 안고 바다에 투신해 신격화되면서 뱃사람의 수호신으로 여겨지게 됐다. 로마에서는 출산과 생육의 여신 마투타(Mater Matuta)와 동일시됐다. 레우코테아의 신전은 튀르레니아의 마을 아굴라의 항구 퓌르기의 신성한 지역에 있었다.

160 마케도니아 지방 동남쪽 연안에 있는 칼키디케 반도의 팔레네곶에 있던 도시로 원래는 에우포이아섬 에리투레아의 식민도시. 델로스동맹의 일원이었으나 펠로폰네소스전쟁 중 스파르타로 돌아서는 바람에 아테나이군에 의해 정복당했다.

까지 경과한 기간 동안 그들은 이자를 지불하지 않고, 있는 돈의 전부를 활용해 이익을 얻은 것이다.

21b. 그들이 오륀토스[161] 사람들과 싸워 전쟁 비용이 필요할 때, 그들에게는 노예가 있었으므로 각각 여자와 남자 중 한 명씩의 노예를 남기고, 나머지 노예는 모두 팔기로 결의해 각 개인이 국가에 자금을 빌려줄 수 있도록 했다.

22. 아테나이인 칼리스트라토스는[162] 마케도니아에서 입항세가 많은 경우 20타란톤에서 팔리고 있었지만, 그 두 배의 가격에 팔리게 했다. 즉 20타란톤의 담보로는 1타란톤의 보증금을 공탁할 필요가 있었기 때문에, 항상 꽤 부유한 사람들만이 사고 있다는 것을 알고 희망하는 자라면 누구나 살 수 있다는 것, 그리고 전액의 3분의 1에 대한 담보와 각 사람이 공탁할 수 있는 금액을 지불하면 된다는 포고를 한 것이다.

---

161 Olunthos('야생 올리브나무의 열매')는 마케도니아 동남부, 칼키디케의 팔레네반도의 뿌리에 해당하는 위치에 있는 도시로, 기원전 432년에 결성된 칼키디케동맹의 주도국이었다. 세력 확장을 우려한 스파르타에 의해 2년간 포위 공격을 받아 점령되었다(기원전 382년~기원전 380년). 이후 부흥되지만, 기원전 348년 마케도니아군에 의해 완전히 파괴되었다.

162 기원전 4세기에 활동한 부유한 상인 계급 출신의 아테나이 연설가이자 정치가. 아티카의 코린토스 출신으로 악명 높은 아귀리오스(Agurrios)의 조카. 처음에는 반 스파르타파의 장군으로서 제2차 아테나이 해상동맹의 재정을 확립하고 테바이가 강대해지자 스파르타와 평화를 맺는다(기원전 371년). 테바이에 의한 아티카 북부의 오로보스 점령을 허용함으로써 기원전 366년 탄핵을 받는다. 법정 변론에서 무죄가 되고, 그 변론은 데모스테네스에 의해 찬사를 받는다. 기원전 361년에 다시 탄핵되어 유죄가 되고, 마케도니아로 망명해 마케도니아에서 재정개혁과 클레니데스 시(후의 필립포이 시)의 건설에 참여하고 후에 아테나이로 귀국했다가 체포되어 처형되었다(기원전 355년). 크세노폰, 『헬라스 역사』 제6권 제2장 39절, 제3장 10절 아래; 플루타르코스, 『데모스테네스』 제5장; 이소크라테스, 『평화 연설』 24절 참조.

가정경제학

23a. 아테나이의 티모테오스[163]는 오륀토스인들과의 전쟁 중 은화가 부족하자, 동전을 주조해 병사들에게 나누어 주었다. 병사들이 불만을 호소했을 때, 그는 병사들에게 상인도 시장 상인도 모든 것을 지금까지와 같이 팔게 될 것이라고 말했다.[164] 그리고 상인들에게 누구든지 동전을 받은 자는 이번에 그것을 사용해 지방에서 매물로 나온 상품이나 약탈한 전리품을 사라고 명령했다. 또 그들의 수중에 남은 동전을 자신에게 가져오면, 그것으로 바꿔서 은화를 받을 수 있다고 말했다.

23b. 그가 케르퀴라에[165] 대한 전쟁을 지휘하던 중, 자금이 궁핍해져 병사들이 임금을 지급받기 위해 그에게 따르려 하지 않고 적으로 돌아서겠다고 나섰다. 그는 집회를 열었고 폭풍 때문에 자신의 수중에 돈이 전달되지 않았지만, 자신에게는 막대한 돈이 있으니, 먼저 지급한 석 달 치 식량을 선물(膳物)로 그들에게 주자고

---

163 아테나이의 제독으로 명문가 출신 장군. 기원전 378년 장군으로 선출되어 제2차 아테나이 동맹 결성에 활동했다. 오륀토스나 뷔잔티온과의 싸움에서 이겨 사모스섬을 점령하고 케르퀴라섬을 지배하던 아테나이에 지대한 공헌을 했음에도 불구하고 기원전 356년 정적(政敵)에 의해 반역죄로 고발되어 100타란톤의 벌금을 부과받고 아테나이를 떠나 에우보이아섬의 카르키스로 이주했다(크세노폰, 『헬라스 역사』 제5권 제4장 63~66절; 네포스, 『티모테오스』 참조).

164 반 그로닝겐(p. 149)은 Isocrates의 Antidosis(XV/IV) 108과 113을 참조해, 그가 전쟁을 벌인 나라는 군인들을 먹여 살려야 한다는 것이 그의 군대를 유지하는 티모테오스의 원칙이었다고 지적한다. 클라디오스 아이리아노스(로마의 수사가)에 따르면, 그는 플라톤과 자신의 생활 방식에 관련해서 이런 이야기를 전하고 있다. 티모테오스가 세금, 삼단노선 및 선박과 승무원의 필요성, 동맹국 또는 섬 주민들의 세금에 대해 이야기하는 동안, 플라톤이 "심각한 것들에 대해 이야기했기 때문에, 티모테오스는 삶과 진정한 행복을 그에 대해 말했다"(Varia Historia[다양한 역사 이야기], II 10, 18).

165 현재는 Corfu라고 부르며, 헬라스 북서부 이오니아해에 있는 두 번째로 큰 섬. 기원전 375년에 티모테오스가 원정을 가서 지배하에 두고 아테나이 제2차 해상동맹에 가입했다.

했다. 군인들은 만일 그에게 전달될 돈을 진실로 기대하지 않는다

면, 티모테오스가 그렇게 높은 금액을 그들에게 줄 리 없다고 생각

했기 때문에, 그가 원하는 것을 이룰 때까지 그들은 임금에 대해

평정을 유지하게 되었다.[166]

23c. 그가 사모스를 포위 공격했을 때,[167] 바로 그 사모스인들

에게 그 땅의 수확물을 팔았기 때문에 병사의 임금을 충당할 자금

을 풍부하게 얻고 있었다.[168]

23d. 병사들이 새로 도착하기 때문에, 군 야영지에서 식량이

부족했을 때 그는 간 곡물이나 1메딤노스보다 적은 분량의 곡물이

나 1메트레테스[169]보다 적은 분량의 음료를 파는 것을 금지했다.

그래서 부대장과 중대장들은 식량을 부지런히 사서 병사들에게

나눠 주고, 새로 도착하는 병사들도 자신을 위해 식량을 휴대해 왔

다. 그리고 그들이 진영을 떠날 때 수중에 남은 물건이 있으면 팔

아 버렸기 때문에, 병사들에게는 풍부한 식량이 공급되었다.

24a. 페르시아의 디다레스는[170] 이끌고 있던 병사들의 일상적

166 크세노폰, 『헬라스 역사』 제5권 제4장 64~66 참조.

167 안타르키다스의 평화조약(기원전 386년) 이후 사모스는 종종 페르시아제국에 복종해 페르
시아 수비대가 주둔하고 하고 있었는데, 티모테오스가 기원전 366년부터 기원전 365년에
걸친 10개월을 포위한 끝에 아테나이 측에 탈환됐다.

168 티모테오스의 이 일화에 대해서는 폴뤼아이노스(Poluainos), 『전술서』(*Stratēgēmata*) 제3권
제10장 10절 참조.

169 액체를 재는 단위로 약 39리터.

170 폴뤼아이노스의 『전술서』 제7권 제21장 1절에서는 기원전 384년부터 권력을 잡은 사람이
Datamēs라고 한다. 어쨌든 그의 아버지 카미살레스는 아르타크세르크세스 2세를 섬긴 킬
리키아의 총독. 디다레스는 왕궁의 호위병을 맡은 것으로 보아 처음으로 전공을 세워 아버
지의 뒤를 이어 킬리키아 속주의 총독이 되고, 기원전 382년 이후에는 카파도키아의 총독

인 식량은 적의 땅에서 공급받았으나, 지급해야 할 돈이 없어 오랜
기간 체불 임금 지급을 요구받자, 다음과 같은 계략을 꾸몄다. 그   20
는 집회를 소집해 돈이 바닥난 것이 아니라 어느 장소에 자기 돈이
있다고 말하고, 그 자리가 어딘지 보여 주고 군사를 결집해 그 장
소를 향해 진군을 시작했다. 그리고 그 자리 근처에 이르자, 그는
그 장소에 제일 먼저 올라갔고, 그곳에 있던 신전들로부터 은으로
입혀진 온갖 물건들을 빼앗았다. 그런 다음, 노새들에게 싣고 마치
은을 나르는 것처럼 물건들에서 나오는 빛을 살짝 비춰 가며 걸음   25
을 옮겼다. 그것을 본 병사들은 그 짐들이 모두 은인 줄 알고, 임금
을 받을 수 있을 것으로 굳게 믿었다. 그러나 그는 아미소스[171]에
가서 화폐로 주조해야 한다고 말했다. 아미소스로 가는 길은 여러
날이 걸렸고, 게다가 계절은 겨울이었다. 오랜 기간에 걸쳐 그는
식량만 주고 군을 군사적 일에 사용했던 것이다.[172]   30

    24b. 그는 군대 안에 다양한 장인(匠人)과 거래를 하는 소매상

이 된다. 후에 총독들의 반란에 가담해 아르타크세르크세스의 대군을 물리쳤으나 키오스
총독 알리오바르자네스의 아들 미트리다테스의 책략으로 기원전 362년 암살되었다. 전쟁
에서 용기와 뛰어난 능력으로 이름이 높았고, 로마의 전기작가인 네포스(Cornelius Nepos,
기원전 110년~기원전 25년)는 그가 헬라스인이나 로마인 이외에는 해밀카(한니발의 아버지)
와 한니발을 제외하고 가장 용감하고 유능하다고 평가한다. 기원전 378년~기원전 372년경
에 주조된 것으로 보이는 은화에는 디다레스와 신 아나가 마주 보고 서 있는 모습이 각인
되어 있다.

171 흑해 남안의 소아시아 항만도시. 디다레스는 이 도시에서 한참 떨어진 내륙 산악지대에 있
      었을 것이다.

172 이것과 같은 내용을 다룬 기술에 대해서는 폴뤼아이노스의 『전술서』 제7권 제21장 1절 참
      조. 폴뤼아이노스는 아미소스까지는 며칠씩 여행을 해야 하고, 겨울 날씨가 험난한 땅이어
      서 한겨울 동안 병사들은 출정을 하지 않았고, 월급을 요구하며, 소란을 피우지도 않았다고
      기록하고 있다.

을 직접 거느리고 있었다. 그리고 다른 누구 하나 그런 일을 하는 것도 허락하지 않았다.

25a. 아테나이의 카브리아스[173]는 원정을 위해 자금이 필요했던 아이귑토스의 왕 타오스[174]에게 조언하고, 신관들에게 전비를 위해 여러 신전과 대다수의 신관직을 폐지해야 한다고 말하라고

권했다. 그 말을 들은 신관들은 저마다 자신들이 섬기는 신전의 존속과 스스로의 신관직 유지를 바라며 금전을 증여했다. 그리고 왕이 모든 신관으로부터 돈을 받자, 그는 왕에게 신관들에게 이전에

자신의 신전과 자신을 위해 들이던 총비용의 10분의 1만 쓰고 나머지는 페르시아 왕과의 싸움이 끝날 때까지 왕에게 대여할 것을 권했다.

또 모든 사람에게 명하여 집집마다 정한 납입액을 납부하게 하고, 개인의 머릿수에서도 마찬가지로 그렇게 할 것을 조언했다.

---

173 기원전 4세기 아테나이의 장군으로 용병대장. 기원전 390/387년에 지휘관이 된 이래 30년간 직업군인으로 활약했다. 기원전 378년에는 방패로 몸을 지키고 한쪽 무릎을 세우고 창으로 노려보는 독자적인 전법으로 아게실라오스군을 물리친 것으로 유명하다. 기원전 376년에는 낙소스 앞바다에서 스파르타 함대를 무찌르고 아테나이 제2차 해상동맹의 확대에 공헌했다. 기원전 362년 아이귑토스 왕(파라오) 타코스 함대의 지휘를 맡았고, 이후에도 넥타네보스 2세와 퀴프로스의 에우아고라스 1세에게도 용병대장으로 일하며 많은 보수를 받았다. 동맹시(뷔잔티온, 로도스, 키오스, 코스) 전쟁 기원전 357년 아테나이군의 선봉대를 물리치고 키오스섬으로 돌격했을 때 전사했다(크세노폰, 『헬라스 역사』 제5권 제1장 10절, 제4장 14절; 네포스, 『카브리아스』; 폴뤼아이노스, 『전술서』 제3권 제11장 1~15절 참조).

174 왕 넥타네보스(Nectanebos) 1세의 아들로 보통 타코스 또는 테오스라고 불리는 아이귑토스 제30왕조의 왕(재위: 기원전 363년~기원전 361년경). 헬라스 용병을 고용하고, 스파르타에서는 아게실라오스 2세를 용병대장으로 초빙했으나, 페르시아의 아르타크세르크세스 2세와의 전쟁 중 넥타네포스 2세에게 배신당해 아이귑토스 왕위를 빼앗기고 페르시아 쪽으로 망명했다가 기원전 357년에 죽었다.

그리고 곡물의 판매에 있어서는 그 가격에 덧붙여 판 자도 산 자도 1아르디·베[175]당 1오볼로스를 납부하도록 명하라고 조언했다. 게다10가 상선이나 일터나 다른 어떤 노동에서는 그 노동이 창출하는 이익의 10분의 1을 지불하도록 명하라고 조언했다.

25b. 그는 그 땅에서 바로 원정을 떠나려던 왕에게 누구든 각인을 하지 않은 은이나 금을 가진 자가 있으면 왕에게 가져다줄 것을 명하라고 했다. 많은 사람들이 가져오자, 그는 왕이 그것을 사용하기로 하고, 그것을 대여한 사람들은 지방장관들에게 맡기고, 주지사들에게 세금에서 그들에게 갚도록 권유했다.

26. 아테나이의 이피크라테스[176]는 코투스가[177] 병사들을 모았을 때, 다음과 같은 방법으로 그에게 자금을 가져다주었다. 그가20지배하는 사람들에게 자신을 위해 3메딤노스[178] 땅에 씨를 뿌릴 것을 명하도록 권유했던 것이다. 그 일이 실행되었기 때문에, 대량의

---

175 1아르타베 = 1메딤노스 + 3코이닉스 = 51코이닉스. 페르시아에서 사용되던 단위로, 헤로도토스에 따르면, 1아르타베는 아티카의 메딤노스보다 3아티카 코이닉스만큼 더 많은 양으로 여겨지며, 1코이닉스는 1리터이므로, 1아르타베는 약 55리터에 상당한다(헤로도토스, 『역사』 제1권 제192장 참조).

176 이피크라테스(기원전 415년경~기원전 353년경)는 제화공의 아들 신분에서 아테나이 최고의 장군으로 올라섰다. 전쟁에는 승승장구하는 명장으로 전술에서 보병의 장비를 혁신해서 대방패 대신 경방패를 채용하는 등, 병사를 가벼운 옷차림으로 홀가분하게 만들어 아테나이 군의 전투 능력을 높였다. '이피크라테스의 병사'가 헬라스에서 최고의 영예를 안으면서 5년에 걸쳐 장군과 용병대장으로 각지에서 활약했다(네포스, 『이피크라테스』; 폴뤼아이노스, 『전술서』 제3권 제9장; 『수사학』 제1권 제7장 1365a28, 제9장 1367b17-18 참조).

177 트라키아의 왕(재위: 기원전 382년경~기원전358년경)으로 처음에는 아테나이와 우호 관계에 있었으나 나중에 적대해 전쟁을 일으켰다. 잔인한 성격으로 알려졌다.

178 메딤노스는 부피 단위로 약 52리터다. 3메딤노스의 땅이란 3메딤노스의 수확이 기대되는 땅으로 각 농민으로부터 그 분량을 납부하게 하는 것을 의미한다.

곡물이 수확되었다. 그래서 그는 그것을 거래소로 옮기고 팔아서 풍부한 자금을 얻었다.[179]

27. 트라키아의 코투스[180]는 병사들을 모으기 위한 자금을 페린토스인들로부터[181] 차입하려 했으나 페린토스인들은 그에게 대여하지 않았다. 그래서 그는 어쨌든 현재 한 지역에서 수비대를 맡고 있는 자신의 병사들을 활용하기 위해, 그 시민들 중에서 지역의 수비대 요원으로서 남자들을 빌려줄 것을 그들에게 요구했다. 그들은 그 땅을 통제할 수 있다고 생각하고 즉시 응했다. 그러나 코투스는 보내온 자들을 감옥에 가두고, 풀려나기 위해서는 그가 빌리고자 했던 돈을 지불하라고 페린토스인들에게 요구했다.

28. 로도스의 멘토르[182]는 헤르메이아스[183]를 잡아 그가 소유

---

179 비슷한 일화가 기원전 4세기 트라키아 왕 케르소프렙테스의 부관 세우테스의 책략으로 보고되고 있다(폴뤼아이노스, 『전술서』 제7권 제32장 참조).

180 트라케의 왕(기원전 382년~기원전 358년)으로 기원전 459년에 암살되었다(『정치학』 제5권 제10장 1311b20 아래, 폴뤼아이노스, 『전술서』 제8권 제38장 참조).

181 트라키아의 마르마라 해에 접하고 있는 헬라스인들의 도시. 기원전 600년경 사모스 식민도시로 건설되었다.

182 멘토르(기원전 385년경~기원전 340년경)는 로도스섬 출신의 교활하고 모략이 뛰어난 용병대장으로 다음 절(29)의 멤논의 형이다. 그 두 형제는 아르타바조스에 합류했고, 아르타크세르크세스 3세에 대한 아르타바조스의 반란에 가담했다가 패하고 마케도니아로 도망간 뒤 아이깁토스 왕 넥타네보스 2세를 섬겼으나, 곧 배신하고 다시 페르시아의 아르타크세르크세스 3세를 섬겨 소아시아 서안 트로아스의 총독으로 임명됐다. 마케도니아의 필립포스 2세의 계획을 알게 된 그는 아타르네우스의 폭군 헤르메이아스를 체포하고 싸움 없이 그의 영토를 점령했다. 헤르메이아스는 플라톤의 학생이었는데, 그가 죽은 후(기원전 348/347년) 아리스토텔레스가 펠라의 궁정으로 가기 전 3년 동안 아타르네우스에서 그와 함께 머물렀다. 아리스토텔레스는 헤르메이아스를 위해 '덕의 찬가'를 썼고, 델포스에 그의 동상을 세웠다고 한다(디오게네스 라에르티오스, 『유명한 철학자들의 생애와 사상』 제5권 제3장 아래, 5-8절 참조).

183 아타르네우스의 참주(재위: 기원전 355년~기원전 341년)로 플라톤의 강의를 듣고 플라톤 사후 아리스토텔레스와 크세노크라테스를 궁정으로 맞아들였다. 기원전 344년경 양녀 퓌티

가정경제학

한 땅을 점령한 후에도 헤르메이아스에 의해 임명되어 있던 토지의 관리인들을 그대로 놔두고 있었다. 그러나 관리인들이 모두 안심하고 그들이 그동안 숨기거나 어딘가에 맡겼던 물건을 손에 넣었을 때, 그들을 붙잡아 가지고 있던 모든 것을 빼앗아 갔다.

35

29a. 로도스의 멤논[184]은 람프사코스의 지배권을 장악한 후 자금이 필요했을 때, 시민들 중 가장 부유한 사람들에게 일정 금액의 은을 내라고 요구하고, 그들에게 다른 시민들로부터 그 돈을 회수하라고 명령했다. 그러나 다른 시민들이 이들에게 돈을 지불하자, 이번에는 그 돈을 또 그들에게[185] 돌려주겠다며 자신에게 빌려주라고 명령했다.

1351b

5

29b 다시 자금이 필요할 때, 그는 국가 세입에서 지불하게 된다며 이들에게 분담금 지출을 요구했다. 사람들은 곧 돈을 돌려받을 수 있을 것이라고 생각하고 그것을 지불했다. 그러나 세입이 다가오면, 자신에게는 그 세입 또한 필요하며 그들에게는 나중에 이자를 붙여 갚겠다고 했다.

10

29c. 그는 자기 밑에서 군복무를 하는 자들(용병)로부터 1년에

아스를 아리스토텔레스에게 시집보냈다. 멘토르의 계략에 의해 잡혀 페르시아의 아르타크세르크세스 3세에 의해 마케도니아 왕 필립포스 2세와의 내통 혐의를 받고 살해당했다. 아리스토텔레스는 그에 대한 찬가를 만들고('단편' 678 Rose), 델포이에게 그의 초상과 함께 바쳤기 때문에 불경죄로 기소되어 칼키스로 도망할 수밖에 없었다(기원전 323년).

184 용병대장 멤논(기원전 380년~기원전 333년경)과 멘토르는 형제지간이다. 총독 아르타바조스 처남으로 행동을 같이했으며 총독의 반란에도 가담했다. 멘토르의 주선으로 반란 사면을 받고 페르시아로 가서 다레이오스 3세를 섬기며 알렉산드로스 대왕과도 싸웠다(폴뤼아이노스, 『전술서』 제4권 제3장 15절 참조).

185 대본에 좇아 en chronō[i](돌려줄 정확한 '시기를')를 읽지 않는다.

15 　6일 치의 식량과 임금을 징수하면서, '달력에서 빠진 날짜'[186]라고
말하면서, 그 날짜에는 그들이 경비 임무도 행군도 다른 비용도 들
지 않는다고 주장한다.

　29d. 그는 새로운 달의[187] 둘째 날에 병사에게 월 급여를 주었
는데, 첫째 달에는 사흘이 지나서, 다음 달에는 닷새가 지나서야
지급하게 되었다. 그렇게 지불을 늦추다 마침내 그것은 30일째가
되었다.

　30a. 오레오스인 카리데모스[188]는 아이오리스[189]에 영지를 소
20 유하고 있었는데, 아르타바조스가[190] 그를 향해 진격해 왔을 때 병

---

186 헬라스의 달력은 12개월로 음력으로 홀수 달이 30일, 짝수 달은 29일이며, '달력에 빠진 날'
　이란 짝수 달의 6일 치를 말한다. 월일 수에 관계없이 병사들에게는 달마다 동일한 식량이
　나 임금이 지급돼야만 했다.

187 음력이므로 '새로운 달'은 달의 첫날이 된다.

188 에우보이아섬 북부의 마을 오레오스 출신 용병대장. 기원전 360년에 트라키아 지역의 오드
　뤼손의 왕 코투스(27 참조)를 섬기며 그의 딸과 결혼했다. 암피폴리스 함락으로 파견된 아
　테나이 장군 이피크라테스를 섬겼다(26 참조. 기원전 368년부터 3년간). 이피크라테스의 파
　면 이후 아테나이의 숙적 트라키아 왕 코투스나 오륀토스인에게 봉사했으나, 아테나이군에
　붙잡혀서 아테나이 해군의 용병이 된다. 변신이 빠른 페르시아의 아르타바조스와 멘토르,
　멤논 등을 차례차례 섬겼다. 기원전 357년에 케르소네소스 영유 협상에 성공해 아테나이
　시민권을 얻어 금관(金冠)을 수여받았다. 기원전 360년 중반부터 그는 아이올리스(Aiolis)에
　서 스스로 전쟁을 벌였고, 아르타바조스에 맞서 방어해야 했던 스켑시스, 케브렌, 일리온의
　도시들을 정복하기도 했다. 그 후 그는 아테나이에 봉사하면서 여러 가지 면에서 성공을 거
　두었고, 기원전 335년에 알렉산드로스 대왕을 피해 페르시아로 도망쳤고, 그곳에서 기원전
　333년에 다리우스 3세에게 살해당했다. 그의 전략에 대한 비판으로 인해 처형되었다(데모
　스테네스, 『아리스트라테스의 탄핵』 144절 아래와 『수사학』 제2권 제23장 1399b3 참조).

189 소아시아 서안 북부의 에게해를 바라보는 지역.

190 아르타바조스(기원전 387년경~기원전 325년경)는 소아시아 총독이었으나 총독들의 반란
　을 일으켜 패하고(기원전 356년) 마케도니아로 망명했다가 멘토르의 중개로 귀국하고(기원
　전 345년), 페르시아의 마지막 왕 다레이오스 3세를 섬기다 왕이 죽은 후(기원전 330년)에는
　알렉산드로스 대왕에 의해 박트리아 총독으로 임명되었다.

사들에게 지불할 자금이 필요했다. 그래서 사람들은 처음에는 그에게 분담금을 바쳤지만, 나중에는 더 이상 줄 것이 없다고 말했다. 그러자 카리데모스는 그가 영지에서 가장 부유하다고 생각한 자들에게 금전이나 기타 귀중한 가재도구를 가지고 있다면 다른 곳으로 옮기라고 명령하고, 그러기 위해서는 호위를 붙이자고 했다. 그러면서 그 자신도 분명하게 자신의 물건을 옮기려는 것처럼 보이게 했다. 사람들이 그 말을 따르자, 그들을 도시에서 조금 떨어진 곳으로 데리고 나와, 그들이 가지고 있는 것을 조사하고 필요한 물건을 모두 빼앗은 뒤 그들을 다시 영지 안으로 돌려보냈다.[191]

30b. 그는 자신이 지배하는 여러 도시에서 누구라도 어떤 무기도 집안에 소지해서는 안 되며, 만일 위반하면 그가 정한 벌금을 내야 한다는 포고를 한 채, 무관심을 가장하고 주의를 촉구하지도 않았다. 사람들은 그가 그 포고를 별다른 목적 없이 내놓은 것이라고 생각하게 되었고, 각자가 가지고 있던 무기를 제자리에 보관하고 있었다. 그러나 갑자기 그는 집집마다 조사를 하다가 어떤 무기를 발견한 자들로부터 벌금을 징수했다.

31. 카리아 총독으로 있던 마케도니아의 필록세노스[192]는 자

---

191 카리데모스는 다른 주민들이 의심하지 않도록 위협으로부터 귀중품을 자신의 지역에서 가장 안전한 장소로 직접 가져가야 하는 것처럼 행동한다. 이번에도 숨겨진 소유물을 찾는 것이다. 2, 11, 20d와 29를 참조. Diodorus는 카르타고와의 전쟁 중에 쉬라쿠사이의 참주 Agathoclēs의 동일한 속임수를 말한다(『도서관』 제20권 제4장 7절 참조). 아가토클레스가 카리데모스의 행동을 어떻게 알았을까?
192 알렉산드로스 대왕의 부장으로 대왕 사후에 키리키아의 총독이 되었다(기원전 321년). 카리아의 총독이라는 보고도 전해지지만, 주제밀은 필록세노스가 카리아가 아닌 키리키아의 총

금이 필요할 때, 디오뉘시아 축제를 지내겠다고 주장하며, 카리아

인들 중 가장 부유한 사람들을 합창대 봉사자로 임명하고, 그들에

게 무엇을 준비해야 하는지 지시했다. 그들이 곤혹스러워하는 것

을 알아차리고는 몰래 사람을 보내 그 공공 봉사를 피하기 위해서

라면 무엇을 자진해서 내놓을 것인지 물었다. 그러자 그들은 귀찮

음에서 벗어나기 위해, 또 자신들의 사적인 일에서 게을리 하지 않

기 위해 그 봉사에 써야 한다고 그들이 생각했던 비용보다 훨씬 더

많은 금액을 기부한다고 대답했다. 그들에게서 바친 돈을 받으면

서, 또 다른 사람을 그 공공 봉사에 등록하게 하고, 그렇게 해서 필

요로 했던 것보다 더 많은 것을 손에 넣었다.

　　32. 아이귑토스 총독이었던 쉬리아의 에우아이세스[193]는 지방

장관들이 자신을 배신하려는 것을 감지하고, 그들을 왕궁으로 초

대해 그들 모두를 교수형에 처했지만, 가족들에게는 그들이 감옥

독이었다고 생각했다. 그러나 골케는 그가 여전히 카리아의 총독이었을 때 이 사건이 있던 것으로 의심한다. 기원전 333년에 마우솔로스의 후계자 아다(Ada)가 그곳을 통치했고, 기원전 323년에 아산드로스 사트락스가 이곳을 통치했다. 그렇다면 필록세노스를 카리아의 총독으로 생각하는 아리아노스의 전통과 일치한다(아리아노스, 『알렉산드로스 대왕 동정기』 (*Anabasis*) 제7권 제32장 1절 참조).

193 이 인물은 달리 출처가 없고 알 수가 없다. 바르텔(p. 61 아래)은 이름이 이전 섹션의 마지막 단어와 유사하다는 점을 언급하며, 이는 중복 오사(dittography)임을 시사한다. 이름조차 불확실해 아마 완전한 이름이 아니라 *Parekartēs*나 *Pareuaisēs*라는 이름의 일부가 아닐까 추정한다. 다음 절(33)의 클레오메네스의 이야기로 미루어 아이귑토스를 다스린 페르시아의 마지막 총독 중 한 사람일지도 모른다. 그래서 바르텔은 'Euaisēs'가 이 나라의 마지막 페르시아의 총독 중 하나라고 가정한다. 연령대로서는 아르타크세르크세스 3세가 아이귑토스를 재정복하고 페렌다테스(Diodorus, XVI 51.2)를 총독으로 임명해 페르시아령으로 병합한 기원전 343년에서부터, 다레이오스에게서 아이귑토스 총독으로 임명된 페르시아인 마자케스가 알렉산드로스 대왕에게 투항해 아이귑토스를 넘겨준 기원전 332년 사이의 일이다(아리아노스, 『알렉산드로스 대왕 동정기』 제3권 제1장 2절 참조).

에 있다고 전하라고 명령했다. 그래서 각각의 가족은 자신의 가족을 위해 노력했고, 체포된 사람들을 돈으로 석방시키려 했다. 그는 각자에 대해 합의를 하고 정해진 돈을 받은 뒤 각자의 가족에게 시신을 인도했다.

33a. 아이컵토스의 총독이었던 알렉산드리아의 클레오메네스[194]는 다른 지역에서 심한 기근이[195] 일어났고, 아이컵토스에서는 그다지 엄격하지 않았지만 곡물 수출을 금지했다. 지방장관들이 곡물 수출이 금지되면 공물을 낼 수 없다고 주장해서 수출을 시키면서 곡물에 많은 세금을 부과했다. 그 결과 비록 그렇지 않고 (…)[196], 수출량이 미미하더라도 그는 많은 세금을 받는 결과를 얻었고, 지방장관들의 변명도 물리쳤다.

33b 악어를 신으로 여기는 행정구를[197] 그가 항행하고 있을

195

---

194 아이컵토스 북부의 나우크라티스 출신으로, 기원전 331년 알렉산드로스 대왕이 나일강 삼각주 동쪽의 국경 지역을 관리하고 알렉산드리아를 건설하며 모든 재정 행정을 감독하도록 임명했던 인물이다. 아이컵토스를 통치하는 동안 주민들을 가혹하게 수탈했다. 헬라스에 심각한 기근이 닥쳤을 때, 그는 아이컵토스 금고에 이익이 되도록 곡물 수출을 규제했는데, 이로 인해 헬라스에서 인기가 매우 떨어졌다고 한다. 알렉산드로스 대왕이 죽은 뒤, 프톨레마이오스 1세에 의해 살해되었다(기원전 322년).

195 이 기근은 기원전 330년~기원전 326년에 걸쳐 일어났다.

196 텍스트에 탈락이 있다고 여겨지며, 예를 들어 그로닝겐과 주제밀은 παρὰ τῶν νομαρχῶν ἴσους τοὺς φόρους, ἀλλ᾽ οὖν σίτου(비록 지방장관으로부터 동일한 공물을 얻지 못하더라도, 곡물의)를 보충하고 있지만, '비록 그렇지 않고'에서 '수출량이 적더라도'까지의 텍스트를 삭제하는 사본도 있다(암스트롱 각주 1 참조).

197 헬라스어로 nomos라고 불리며 주(州)나 도(道)에 해당한다. '징세구'라고도 번역된다. 헤로도토스, 『역사』 제3권 제90장 참조. 이 구역에는 아이컵토스 나일강 서안의 모일리스 호수 근처 아르시노에가 있다. '악어시'('크로커데일론 폴리스')라고도 불리던 이 도시는 악어신 세베크 숭배의 중심지로 악어(크로커데일로스)를 성스러운 짐승으로 신전 내 연못에 살게 해 사람들이 악어에게 제물로 고기 등의 먹이를 주었다고 한다(스트라본, 『지리지』 제17권 제1장 38절 참조).

111
제2권

때, 그의 노예 중 한 명이 악어에게 납치되었다. 그래서 그는 신관들을 불러들여 자신이 먼저 부정의를 당했으니 복수하겠다며 악어 사냥을 하라고 명령했다. 신관들은 그들의 신이 모독당하지 않도록 가능한 한 많은 돈을 모아 그에게 내밀었고, 그 결과 그는 그것을 취소했다.

　　　33c. 알렉산드로스 대왕이 그에게 파로스[198]섬에서 가까운 곳에 도시를 건설하고, 그때까지는 카노보스[199] 땅에 있었던 거래소를 이전해 건축하라고 명령했을 때, 그는 카노보스로 항행하여 신관들과 그 땅의 부동산을 소유한 자들에게 자신이 그들을 다른 곳으로 이주시키기 위해 왔다고 말했다. 신관과 주민들은 그 땅에서의 거래소 존속을 자신들에게 허락받기 위해 돈을 모아 보냈다. 그 는 그 돈을 받자 그때는 그냥 떠났지만, 건설 준비가 된 것을 가능한 뒤 배를 타고 와서, 그것을 훨씬 넘는 거액의 돈을 그들에게 요구했다. 거래소가 카노보스가 아니라 그 땅에 있다는 것은 그에게 그 정도의 차이가 있다는 것이다. 하지만 그들이 지불할 수 없다고 대답했기 때문에, 그는 그것들을 이주시켰다.

---

198 아이귑토스 북안(北岸) 알렉산드리아 앞바다에 있는 작은 섬으로, 알렉산드로스의 건설로 해서 돌제(突堤, mole), 즉 '육지에서 강이나 바다로 길게 내밀어 만든 둑')로 연결됐다. 프톨레마이오스 2세 시대에 섬 동쪽 끝에 세워진 높이 153미터의 대등대로 유명하다(스트라본, 『지리지』 제17권 제1장 6절 참조).

199 파로스(Pharos) 섬의 동쪽, 아이귑토스 북안, 나일강의 델타 지대 서부 항만도시로 알렉산드리아 동북쪽 24킬로미터 지점에 위치한다. 오시리스 신전이 있었다. 스파르타인들이 식민도시로 건설한 것이 처음이며, 알렉산드리아가 세워지기 이전에는 주요 무역항으로 번창했다.

33d. 그가 어떤 물건을 사기 위해 어떤 사람을 보냈더니, 그자가 운 좋게도 싸게 살 수 있었는데 그에 대해 비싼 값을 청구하려 한다는 것을 알아차리고, 구매자의 친구들에게 그가 산 물건이 너무 비싸다는 것을 나는 들었다고 말했다. 그래서 그는 자신이 [그 거래를] 직접 살펴볼 것이라고 덧붙였다. 그러면서도 화난 척하며 그의 어리석음을 비난했다. 그 말을 들은 친구들은 본인이 돌아와서 그에게 계산서를 건네기 전까지는 그자에게 불리한 말을 하는 사람들을 믿지 말라고 했다. 구매자가 돌아오자, 그들은 클레오메네스로부터 들은 것을 그에게 전했다. 그는 친구들과 클레오메네스에게 잘 보이고 싶어서, 그가 샀을 때의 [실제의] 가격을 제시했다.

33c. 그 지방에서 곡물이 10드라크마에 팔리고 있을 때, 그 거래를 하고 있는 자들을 불러들여 자신과는 어떻게 거래할 것인지 물었다. 소매상에게 팔고 있는 가격보다 싸게 팔겠다고 그들은 대답했다. 그러나 그는 다른 사람들에게 팔고 있는 것과 같은 금액으로 자신에게 넘기라고 명령했고, 자신은 곡물의 가격을 32드라크마로 정하고 그 값으로 판 것이다.[200]

33f. 그는 신관들을 불러 모아 이 지방에서는 신전에 대한 지출이 고액이므로, 여러 신전과 대다수의 신관직을 폐지해야 한다고

---

200 33a와 겹치는 이야기라고 볼 필요는 없다. 한쪽은 기근 때의 세금 이야기고, 다른 쪽은 곡물 독점에 의한 고가 판매다. 데모스테네스, 『디오뉘소도로스 탄핵』 78절 참조.

했다. 신관들은 그가 정말로 그 일을 실행할 것이라고 생각하고, 각자 신전의 존속과 그 땅에서 자신이 신관에 머물기를 바라며 개인적으로 혹은 공동으로 신성한 재산을 내밀었다.[201]

34a. 로도스의 안티메네스[202]는 한 배 반(hēmiolios)[203]이나 되는 남자인데 알렉산드로스 대왕이 바빌론 근처에 도착했을 때, 다음과 같은 방식으로 돈을 벌었다. 바빌로니아의 징세구에서는 수입품에 대한 십분의 일세가 오래전부터 존재하고 있었지만 그것을 적용하려는 사람은 아무도 없었다. 그는 모든 총독과 군인들이 오게 되었고, 적지 않은 대사나 기술자, 다른 사람을 데리고 다니거나 개인적으로 여행하는 사람도 올 것으로 기대해 수많은 선물이 모일 때를 기다려 정해진 법에 따라 십분의 일세를 실시했다.

34b. 또 다른 때에 그는 군대에 노예를 공급하고 있었는데, 희망자가 원하는 값으로 노예를 등록하면, 만일 노예가 도망칠 경우 그들이 등록한 그 값을 받을 수 있다는 조건으로 1년에 8드라크마

---

201 25a의 카브리아스 이야기와 겹치는 내용으로 클레오메네스가 카브리아스의 예를 떠올렸을지도 모른다.

202 이 인물에 대해서는 달리 알려진 바가 없다.

203 이 단어는 다른 곳에서는 나타나지 않는다. 암스트롱은 '공도(公道)의 감독관'(epiodios)으로 읽고('왕의 길'이 언급되는 38 참조), 골케(Gohlke)는 '병참 지휘관'(prosodios)으로 읽는다. 'hēmiolios'(한 배 반)라는 것은 보통 사람의 1.5배 신장을 가리켜 사용되었을 가능성도 있다. 폴뤼비오스가 테오도토스라는 인물에게 붙은 '별명'을 반복적으로 사용하고 있다. 폴뤼비오스, 『역사』 제5권 제42장 5절, 제59장 2절, 제79장 5절, 제87장 1절 참조. 단, 그 말에 대한 명확한 설명은 나와 있지 않다. 임금(賃金)이 일반 병사의 '한 배 반'이라는 해석도 있다. 그 예로 '두 배를 받는 사람'을 뜻하는 dimoirītēs(one who receives double pay)란 말이 있다. 아리아노스, 『알렉산드로스 대왕 동정기』 제6권 제9장 3절, 제7권 23장 3절 참조. 그러나 안티메네스를 한 병사의 신분으로 하는 이 해석은 그가 세금을 부과하는 이 절의 내용이나 그를 총독으로 하는 38의 내용과도 맞지 않는다.

를 지불하라고 명령했다.[204] 수많은 노예들이 등록되었기 때문에 그는 상당한 금전을 저축하게 되었다. 그러나 노예가 도망치자, 그 진영이 있던 지구의[205] 총독에게 노예를 되찾거나 노예의 주인에게 대가를 치르라고 명령했다.

35. 오륀토스의 오펠라스[206]는 아트리비스 주[207]의 징세구에 감독관을 임명했는데, 그 땅의 지방장관들이 그에게 와서 자신들은 훨씬 더 많은 액수를 자진 납세하므로, 방금 그가 임명한 감독관의 파면을 요구했다. 그들에게 약속한 금액을 지불할 수 있는지 묻고 그들이 긍정하자, 그는 감독관을 그 땅에 머무르게 하고, 그들이 자신들이 제안한 공물을 요구하도록 명령했다. 이렇게 해서 임명한 사람을 얕잡아 보지도 않고, 그들 자신이 사정한 금액보다 더 많은 세금을 부과한 것처럼 그들에게 생각되지 않고, 자신은 몇 배의 돈을 손에 넣었던 것이다.

36. 아테나이의 퓌토클레스[208]는 아테나이인들에게, 라우리온[209]에서 채취할 수 있는 납을 국가가 여러 개인의 손에서 그들이

---

204 이것은 국가에 의해 제도화되고 보증된 가장 오래된 보험의 예다.

205 chōras를 보충해 읽는다(Schneider).

206 이 인물(Ophelas)을 마케도니아 군인으로 알렉산드로스 대왕의 동정에 참가한 오펠라스 (Ophelas, 아리아노스, 『인도 원정기』 제18장 3절 참조)를 반드시 동일시할 필요는 없다. 후자는 알렉산드로스가 죽은 후 프톨레마이오스 1세의 명령으로 기원전 322년에 퀴레네를 평정하고 그 땅의 지배자가 되었다.

207 나일강 델타 지대 남부에 위치한다. 헤로도토스, 『역사』 제2권 제166장; 스트라본, 『지리지』 제17권 제20장과 제40장 참조.

208 알 수 없는 인물이다.

209 아티카 지방 동남단, 수니온곶 북쪽에 있는 큰 광산.

파는 대로 2드라크마로 인수하고, 스스로 가격을 6드라크마로 정한 후 팔아야 한다고 권유했다.

37. 카브리아스.[210] [타오스 왕에게 복무하려는] 120척의 배에 승무원이 등록되었을 때, 타오스는 60척의 배만을 필요로 했으므로, 뒤에 남는 60척의 승무원들에게 항해를 떠나는 승무원들의 2개월치 임금을 지불할 것인지, 아니면 출항할 것을 명령했다. 남은 승무원들은 자신들의 집에 머물기를 바라고 왕이 명령한 금액을 지불했다.

38. 안티메네스[211]는 총독들에게 '왕의 길'을 따라 설치된 창고를 그 나라 관습에 따라 채우라고 명령했다. 그러나 군대나 다른 무리들이 왕을 동반하지 않고 통과했을 때에는 자신이 있는 곳에서 사람을 보내 창고에 있는 물건을 팔아 치우도록 했다.

1353b1 39. 새로운 달[212]이 다가와 병사들에게 월급을 줘야 하자, 클레오메네스[213]는 일부러 강을 내려가는 항해[214]에 나섰다. 그리고 달이 가면 강을 거슬러 올라가 월급을 주었다. 그리고 그달의 시작부

---

210 25a 참조. 이것은 기원전 362년의 일이다.

211 34 참조.

212 '새로운 달의 시작'은 문자 그대로 월식이 시작되는 초승달. 바르텔은 다음 예를 사용해 절차(p. 34, 주1)를 설명한다. 5월 1일 식량이 바닥난다. 그는 바로 그달 월말에 함대와 함께 출발해 6월 중순까지 본토로 돌아오지 않는다. 여기에서 그는 6월분의 식량을 분배한 다음, 8월 1일까지 새로운 분배를 연기한다. 따라서 그것은 실제 금액이지만 속은 자들은 적어도 그가 그것에 성공한다면 그것을 명확하게 인식하지 못하는 것처럼 보인다.

213 33 참조.

214 나일강을 내려가는 항해.

터 다음 새로운 달이 될 때까지 간격을 두었다. 병사들은 최근 월 5
급을 받았기 때문에 평정을 유지했고, 그는 매년 한 달을 지나쳐
가며, 항상 한 달 치 임금을 건니뛴 것이다.

40a. 뮈시아[215]의 스타벨비오스[216]가 병사에게 임금을 지급해
야 할 때, 지휘관을 불러 모아[217] 자기 자신에게는 사병[218]은 한 명 10
도 필요하지 않고 지휘관만 필요하며, 병사가 필요할 때는 지휘관
들 각자에게 돈을 주고 용병을 징모하기 위해 보내기 때문에, 병사
에게 지급해야 할 임금은 지휘관들에게 주는 것이 바람직하다고
했다. 그리고 그는 지휘관 각각에 지방에서 징병한 그들의 병사를
해고하라고 명령했다.

40b. 지휘관들은 돈이 자신들의 손에 들어올 것으로 생각하고,
그가 명한 대로 병사들을 해고했다. 얼마 지나지 않아, 그는 지휘 15
관들을 소집해, 합창단 없는 아우로스도 또한 병사 없는 지휘관도
아무런 소용이 되지 않는다고 말했다. 그리고 그들에게 그 나라에
서 떠나가라고 명령한 것이다.

---

215 소아시아 서북부 지방.

216 스타벨비오스는 달리 알려진 바가 없다. 텍스트의 시작 부분이 손상되었다. 번역은 가설일
    뿐이다. 반 그로닝겐은 이 이름으로 두 가지 예를 나열하지만 이야기가 내부적으로 연결되
    어 있기 때문에 완전히 설득력이 없는 것으로 보인다(40a, 40b). 하지만 나는 반 그로닝겐의
    텍스트에 따라 나누어 옮겼다. 암스트롱도 나누지 않고 있다.

217 라틴어판에 의존해서 stratiōtais 뒤에 tous hēgemonas를 보충해 읽는다.

218 원어에는 사병으로 되어 있지만, 상황의 의미로 볼 때 국외로 파견될 수 있는 용병임이 틀
    림없다. 스타벨비오스는 이익을 노리고 용병 지도자들을 유인해 무보수 용병들을 해고하
    라는 임무를 맡긴다. 그러나 동시에 이는 그들이 자신들의 요구를 이행하기 위해 의존할 수
    있었던 세력으로부터 그들을 고립시킨다.

41. 디오뉘시오스[219]가 여러 신전을 둘러볼 때, 금이나 은 탁자가 놓여 있는 것을 발견하자 좋은 수호신에게 신주를 따르는 의식을 명령하고 가져가라고 했다.[220] 신상(神像) 중에서도 술잔을 올리는 것이 있으면, '그럼 내가 받기로 하자'며 술잔을 떼라고 명령했다. 또 신상에서 황금을 떼 내고, 자신이 더 가볍고 향기로운 것을 드리자고 했다. 그러고 나서 흰옷과 백양관(白楊冠)을 입혔다.

---

219 20 참조.

220 고대 헬라스 연석에서는 식사를 마친 후, 음주 순서로 옮기는데, 먼저 '좋은 수호신'을 위해 술로 건배한 뒤 탁자를 치우고 마시기 시작하는 관습이 있었던 것을 이용한 것이다. 아이리아노스, 『헬라스 기담집』 제1권 제20장; 아테나이오스, 『식탁의 현인들』 제15권 693D~E 참조. 키케로에 따르면, 전통적인 헬라스 관습에서 은탁(銀卓)에는 '은혜로운 신들의 것'(bonorum deorum)이라고 새겨져 있었다. 그래서 디오뉘시오스가 신전에서 은탁을 훔칠 때 자신도 신의 은총을 받고 싶다고 말했다고 한다. 키케로, 『신들의 본성에 대하여』 제3권 제34장 84절 참조.

제
3권

제1장[221] 남편과
집에 대한 아내의 의무

140.6 좋은 아내는 정해진 규칙[222]에 따라 모든 것을 배려하고 집안의 일을 지배할 수 있어야 하고, 시장을 배회하는 여자들의 소문이 영혼을 해친다는 것을 특히 두려워하고, 남편이 허락하지 않은 사람은 누구도 집에 들이지 말아야 한다. 그리고 자신의 집안에서 일어나는 일을 혼자 알아야 하고, 만일 외부인으로부터 어떤 해악을

---

221 라틴어로 전승된 제3권의 가장 유력한 사본에는 크게 세 가지 계통이 있다. B사본으로 여겨지는 주제밀이 편집한 Translatio Durandi(뒤란두스판), A사본으로 알려진 Translatio vetus(웨투스판), 제1권, 제2권, 제3권을 아우르는 무명씨의 라틴어 판본 등이 있다. 로제의 *Aristoteles pseudepigraphus*(1863년)와 *Aristotelis quiferebantur librorum fragmenta*(1886년)도 B 사본을 따르고 있다. 이 책의 번역에는 로제의 '단편'집 '페이지 숫자'를 본문에 표기했다. 제3권의 번역은 암스트롱판(Loeb, 1935)을 사용했다.

222 제1권 제2장 참조. 아리스토텔레스는 남편과 아내의 덕은 다르다고 하며, 전자는 지배적이며 후자는 종속적임을 강조한다(『정치학』 제1권 제13장 1260a23). 그러므로 이 규칙은 남편이 정한 것이라고도 해석할 수 있지만, 제1권 제4장에서는 남편에 대해 정해진 법률도 언급되어 있다.

당한다면 그 책임은 남편이 져야 한다.[223] 남편이 승인한 제례를 축하하는 경비와 지출을 관리하는 것도 주부의 몫이며, 의복이나 장식에 대한 지출은 국가의 법이 정한 한도를 넘지 않으며, 모습을 바꾸는 여러 의상의 재물도 많은 황금도 무엇을 하든, 조심스럽고 정직하고 질서정연한 생활에 대한 동경만큼 여자의 덕에 큰 이익이 없다고 생각하는 것이다.[224] 왜냐하면 그런 장식[225]이야말로 정신을 북돋우고 노년에 이르기까지, 그녀 자신에게도 자녀에게도 정당한 칭찬을 가져다줄 훨씬 확실한 보장을 주기 때문이다.

20. 따라서 이상의 영역에 대해서는 여자가 스스로 규율하고 재량을 발휘하는 노력을 해야 한다[226](왜냐하면 남자가 집안에서 일어나는 모든 일을 아는 것은 적절하지 않다고 생각되기 때문이다). 그러나 그 밖의 모든 일에서 141 남편을 따르도록 유의해야 한다. 정치에 대해서는 일체 귀를 기울이지 않고, 자녀의 결혼과 관련이 있다고 생각되는 문제에 참견하는 것을 원하지 않게 한다. 오히려 자

---

223 아내가 가사에 전념하고 집 밖의 일에 대해서는 남편이 종사한다는 생각에 대해서는 크세노폰의 『가정경영론』 제7장 22절 아래에서 자세히 이야기되고 있다("처음부터 신은 여성의 본성을 실내에서 하는 업무와 책임을 알맞게 마련해 놓은 반면, 남자의 본성은 바깥일에 알맞게 해놓은 것이오."). 또 비슷한 생각은 기원후 2세기 전반 스토아학파 철학자 히에로클레스의 '가정론(家政論)'에서도 찾을 수 있다. 스토바이오스, 『정화』 제4권 제28장 21절 참조.

224 이와 같은 말로 아내에게 화장할 것을 권유하지 않는 논란에 대해서는 크세노폰의 『가정경영론』 제10장 1~9절("인간도 인간의 치장하지 않은 몸에서 가장 큰 기쁨을 얻는다고 생각된다.") 참조. 『신약성경』에도 비슷한 기술이 있다. 「베드로의 첫 번째 편지」 제3장 3~4절("너희의 단장은 머리를 꾸미고 금을 차고 아름다운 옷을 입는 외모로 하지 말고, 오직 마음에 숨은 사람을 온유하고 평온한 심령(pneumatos)의 썩지 아니할 것으로 하라. 이는 하나님 앞에 값진 것이니라.") 참조.

225 혼의 장식.

226 inanimet는 헬라스 동사 enthumeomai('마음에 새기다')와 같은 의미로 추정했다(Zoepffel).

가정경제학

신의 아들이나 딸을 결혼으로 남에게 줄 때, 혹은 맞이하여 받아들일 때가 되면 그때야말로 모든 일에 있어서 남편을 따르도록 하고, 남편과 함께 생각해 님편의 지시가 있다면 그것을 따라야 하고, 남편이 집안의 모든 것을 세심하게 살피는 것보다 아내가 집 밖의 일을 캐내는 것이 더 적합하지 않다고 생각하는 것이다. 오히려 진정 질서정연한 삶을 원하는 아내라면 결혼과 함께 운명을 나누는 것이므로, 남편의 삶은 신이 자신의 삶에 주신 법률이라고 생각하는 것이 마땅하다.[227]

만일 아내가 인내심 있고 겸손하게 그것들을 견뎌 낸다면, 쉽게 집을 지배할 수 있겠지만, 그렇지 않으면 그것은 곤란해질 것이다. 남편이 사업에 성공해 밖에서 명성을 얻고 있을 때만 남편과 의견을 일치시켜 남편이 원하는 것을 도울 것이 아니라, 남편이 역경에 처한 경우에도 그렇게 해야 한다. 만일 신체의 질병이나 영혼

---

227 가정론(家政論)이 남편과 아내의 관계에 대한 고찰을 포함하는 것에 대해서는 『정치학』제1권 제3장 1253b6-8, 제3권 제6장 1278b38-40("이것에 대해 자식, 아내, 가족 전체에 대한 지배, 즉 우리가 바로 '가정 경영'(가장적 지배)이라고 부르는 것은 지배받는 자들의 이익이거나 또는 지배하는 자들과 지배를 받는 자들 양자에게 공통의 유익함을 목적으로 하는 것이다."), 『대도덕학』제1권 제33장 1194b23-28("그러나 아내와 남편의 공동체 안에 있는 정의로운 것은 폴리스적 정의에 가깝다. 왜냐하면 아내는 남편보다 뒤떨어지기는 하지만 [주인에 대한 집안 노예보다] 더 혈연적이고, 어떤 식으로든 더욱 동등성에 참여하고 있기 때문이다. 그 이유는 그들의 삶이 폴리스적 공동체에 가깝고, 따라서 남편과의 관계에서 아내에게 정의로운 것이 이미 다른 정의로운 것들 중에서 가장 폴리스적이기도 하기 때문이다.") 참조. 아리스토텔레스의 생각에서 남편의 아내에 대한 애정은 우월성에 기초한 사랑이며, 부부의 사랑 방식은 이와 다르다. 『니코마코스 윤리학』제8권 제7장 1158b14-17("남편이 아내에 대해 가지는 친애와 아내가 남편에 대해 가지는 친애 역시 같지 않기 때문이다.") 참조. 파울로는 신을 섬기듯이 남편을 섬기라고 아내에게 권고하고 있다. 「에페소스 교인들에게 보내는 편지」제5장 22~23절("아내들이여, 자기 남편에게 복종하기를 주께 하듯이 하라, 이는 남편이 아내의 머리 됨이 헬라스도께서 교회의 머리 됨과 같으니 그가 바로 몸의 구주시니라.") 참조.

의 무지 때문에 남편이 운을 잃었을 때, 아내는 자신의 진가를 발휘해야 한다. 즉 항상 격려의 말을 걸어 알맞은 방법으로 뜻을 따르고, 보기 흉하지 않게 행동하며, 자신의 품위가 떨어지는 일을 하지 않으며, 남편이 영혼의 고뇌로부터 그녀에게 무언가 잘못을 해도 그것을 잊어버리고 남편이 한 일에 무엇 하나 불만을 표시하지 않으며, 모든 것을 병이나 무지나 우연한 실수 때문이라고 간주하도록 하는 것이다. 그런 상황에서 아내의 헌신이 한결같을수록 병의 상태에서 해방되었을 때, 회복된 남편이 아내에게 보여 주는 고마움은 더 크다. 그리고 만일 남편이 아내에게 무언가 잘못된 것을 명령했지만, 아내가 이를 따르지 않았을 경우, 병에서 회복되었을 때 남편은 훨씬 더 큰 감사의 마음을 갖게 될 것이다. 다만 그런 사정이라면 아내는 남편을 따르는 것을 삼가야 하지만, 다른 경우에는 사서 집으로 데려온 노예보다 한층 더 열성적으로 따라야 한다. 사실 아내는 훨씬 비싼 대가로 샀으며, 남편과 인생을 나누고 아이를 낳으니, 그보다 더 큰 거룩한 일이 또 있을까.[228] 142 더욱이 계속 운이 좋은 남편과 살았던 아내는 자신의 진가를 보여 줄 기회를 똑같이 갖지 못했을 것이다. 확실히 행운을 잘 이용하는 것은 하찮은 일도 시시한 일도 아니지만, 역경을 잘 견디는 것은 틀림없

---

228 제1권 제4장에서는 아내가 탄원자에 비유되어 부정의를 당해서는 안 된다는 것이 기술되어 있는데, 여기서 아내의 진가(眞價)는 노예처럼 가정이나 경제의 결과에 의해 평가되어서는 안 된다고 기술되어 있다. 아내는 남편과 인생을 나누고 아이를 낳아 키우기 때문이다. 여기에는 크세노폰이나 아리스토텔레스학파의 '가정론' 관점보다 바르텔이 지적했듯이 윤리적 발전을 읽을 수 있을지도 모른다.

가정경제학

이 더 존경스럽다.[229] 위대한 정신만이 큰 부정의와 고통 속에 있더라도 스스로는 품행이 나쁜 행위를 저지르지 않을 수 있기 때문이다.

그러므로 자신의 남편이 역경을 당하지 않기를 기원하는 것은 적합하지만,[230] 그러나 나쁜 일이 불가피하다면, 사려 깊은 아내에게 그것은 최고의 칭찬을 받을 기회라고 생각하는 것이 적절하고, 행운의 남편과 함께 살았다면 알케스티스가 그렇게 큰 명성을 얻지 못했을 것이며,[231] 페넬로페가 그렇게 많은 칭찬을 받지는 못했다고 보아야 한다. 실제로 아드메토스와 오뒷세우스[율리시스]의 역경이 그녀들에게 불후의 명성을 준비했던 것이다. 즉 궁지에 몰렸을 때 남편에게 성실하고 충실했기 때문에, 신들로부터 받을 만한 칭찬을 받았다. 왜냐하면 운이 좋을 때는 반려자를 찾는 것이 참으로 쉽지만, 최선의 아내가 아니면 역경을 스스로 기꺼이 나누

---

229 헬라스의 옛 시절부터 반복적으로 서술되어 온 지혜 중 하나다. 칠현인 중 한 명인 비아스에게도 비슷한 말이 나온다. 디오게네스 라에르티오스의 『유명한 철학자들의 생애와 사상』 제1권 86절("불운을 견뎌 내지 못하는 사람이야말로 불운한 사람이다. … 나쁜 방향으로 바뀌어 갈 때 고귀하게 참는 것이다.") 참조.

230 신에게 이런 도움을 기원하는 것은 아리스토텔레스에게서도 이질적 사고방식이 아니다. 『니코마코스 윤리학』 제5권 제1장 1129b5 아래("단적으로 좋은 것들이 그들에게도 좋은 것이 될 수 있도록 빌어야 하고, 또 그들에게 좋은 그것들을 선택해야 할 것이다.") 참조. 또 소크라테스가 신들에게 바친 기도에 대해서는 플라톤의 『파이드로스』 279B~C 참조.

231 알케스티스는 이올코스 왕 펠리아스의 딸로, 페라이의 왕 아드메토스의 아내가 되고, 죽게 된 남편 대신 죽음을 선택한다. 정숙한 아내로 유명하다. 에우리피데스의 『알케스티스』(기원전 438년)는 그녀의 헌신적 자기희생 이야기를 소재로 한다. 그 비극에서 알케스티스는 손님으로 찾아오던 영웅 헤라클레스가 저승사자('죽음', Thanatos)와 싸워서 구출되었다고 되어 있지만, 다른 전승으로는 명계(하데스, 冥界)의 왕비 페르세포네('코레'[처녀])가 자기희생에 감동해 그녀를 지상으로 돌려보냈다고 한다. 위(僞) 아폴로도로스 『도서관』(헬라스 신화) 제1권 제9장 15절 참조.

려 하지 않기 때문이다. 그러므로 그럴 때일수록 오르페우스가 말했듯이,[232] "설령 거룩한 겸손과 부, 용감한 정신의 소산이 남편에게 따르지 않더라도, 아내는 남편에게 더욱 존경을 표하고 남편을 위해 부끄러워하지 않아야 한다."

제2장 아내에 대한 남편의 의무

아내는 이와 같은 규칙과 습관을 지켜야 한다. 그러나 남편도 아내를 대우함에 있어 비슷한 규칙을 찾을 것이다. 왜냐하면 아내는 인생과 자녀를 나누는 자로서 남편의 집에 온 것이며, 친부모의 이름, 즉 남편과 자신의 이름을 가진 자녀를 남기기 때문이다.143 이보다 더 신성한 일이 또 있을까. 아니면, 건전한 정신을 가진 사람이라면 최선이고, 무엇보다 둘도 없는 아내가 노년을 맞이했을 때 아버지와 어머니의 이른바 최선의 충실한 부양자이자 보호자이며 집안 전체의 수호자가 되는 아이를 낳는 것보다 간절히 바라는 것이 또 있을까?[233] 왜냐하면 아버지와 어머니로부터 올바르게 교육

---

232 A사본(Translatio vetus)으로 읽음. 오르페우스는 헬라스 신화에서 최대의 시인, 음악가로, 『아르고나우테이카』, 『제신찬가』 등 그의 이름으로 수많은 이야기와 시편이 남아 있으며, 그중에는 기원전 5, 6세기경까지 거슬러 올라가는 것도 있다. 오르페우스, 「단편」 336 Kern.

233 크세노폰, 『가정경영론』 제7장 12절("우리가 공유할 수 있는 축복은 최선의 동지인 동시에 우리가 늙었을 때 부양해 줄 자식을 얻는 일이기 때문이다.") 참조.

받은 아이라면 존경과 정의로서 부모님을 대접함으로써, 말하자면 보답으로서 착한 사람이 되는 게 당연하기 때문이다. 하지만 아이가 그런 교육을 받지 않으면 중대한 결함을 갖게 될 것이다. 왜냐하면 부모가 자녀에게 인생을 어떻게 살아야 하는지에 대한 본보기를 주지 않으면, 이번에는 [자신들의 불효에 대해서] 그들에게 온전하고, 그럴듯한 부실한 변명을 주게 되기 때문이다. 그런 부모들은 자신들이 훌륭하게 살지 않았기 때문에, 아이들로부터 경멸을 받고 자신들에게도 파멸을 초래할 수 있다.

따라서 가능한 한 이른바 최선의 부모에게서 아이가 태어날 수 있도록 아내의 교육에 대해서도 결코 노고를 아끼지 말아야 한다. 사실 농부는 최고의 수확을 기대하며 씨를 뿌리기 위한 땅을 최선으로 하고 경작하는 일에 노고를 아끼지 않고, 그것이 파괴되지 않도록, 만일 때가 되면 적과 싸워 죽는 일도 마다하지 않으며, 그러한 죽음이야말로 최고의 명예라고 할 것이기 때문이다. 그러나 신체를 위한 음식에 그만큼 큰 노고를 마다하지 않는다면, 혼의 종자를 받아들임으로써 자신의 자녀의 어머니가 되고, 유모가 되는 자에게는 온갖 배려를 다해야 하지 않겠는가. 왜냐하면 죽어야 할 것은 모두 이런 방법을 통해서만, 즉 끊임없이 생겨남으로써 불사(不死)를 겪기 때문이며,[234] 이를 위해 온갖 기원과 기도가 조상인 신들에게 계속 바쳐지고 있기 때문이다. 따라서 이 점을 경시하

234 제1권 제3장 1343b23-25 참조.

는 자는 신들도 얕잡아 보고 있을 것으로 생각된다. 그렇기 때문에 신들을 위해 신들 앞에서 희생을 바치고[235] 아내를 맞는 것이고, 부모님에 이어 다른 사람보다 훨씬 나은 경의를 아내에게 바치는 것이다.

그러나 사려 깊은 아내에게 최고의 명예가 주어지는 것은 남편이 그녀에게 지조(志操)를 지키는 것을 보고, 다른 여자에게는 조금도 관심을 두지 않고, 다른 어떤 사람보다 자신의 것으로서 아내를 사랑하고 성실하다고 생각될 때이다. 144 아내 또한 남편이 자신을 생각할 만하도록 더욱 노력할 것이고, 만일 아내가 그녀에 대한 남편의 애정이 성실하고 정직하다는 것을 안다면 아내 자신도 남편에게 바르고 성실해질 것이다. 그러므로 사려 깊은 사람이라면 어떤 존경이 부모에게는 적합한지, 아내나 자녀에게는 어떤 존경이 적절한지에 대해서 무지해서는 안 되며, 각자에게 합당한 것을 줌으로써 올바르고 성스러운[236] 일을 하도록 할 것이다. 왜냐하면 각자에게 개인적인 명예를 빼앗기는 것이 가장 견디기 어렵기 때문에, 만일 자신에게 고유한 것이 제거된다면 다른 것에 속할 만한 것이 많이 주어지더라도 기꺼이 받을 일은 없기 때문이다. 그러므로 아내에게는 남편과의 존경스럽고 성실한 부부관계보다 더

---

235 아마도 결혼 의례를 거룩하게 하기 위해 거행되는 희생 제의를 가리키는 것으로 보인다.

236 바르텔은 '감사의 기도'(상투스, '성스러운 것')를 완전히 번역하고, 아리스토텔레스가 '정의'를 '완전한 덕의 활용'으로 간주한 『니코마코스 윤리학』 제5권 제1장 1129b31을 참조하고 있다.

가정경제학

가치 있고 친근한 것은 없다. 따라서 건전한 정신을 가진 사람이라면, 닥치는 대로 자신의 종자를 뿌리거나 어떤 여자에게나 다가가 자기 자신의 종자를 넣는 것은 적합하지 않으며, 타고난 천한 자나 불의한 자[237]가 적자(嫡子)로 간주되어 아내에게서 그 명예를 빼앗는 일이 없도록 친자식에게 치욕을 주지 않도록 해야 한다.

제3장 결혼의 호혜적 관계와 충성심

이 모든 것에 대해 남편은 배려하는 것이 필요하다.[238] 아내를 대할 때는 정직한 태도로, 충분한 절도와 경외심을 가져야 하며 [아내와의 대화에서는] 올바르게 생각하는 사람이 쓰는 말을 사용해 법에 합당한 올바른 행위를 시사하고, 충분한 절도와 성실함으로 아내를 대우하며, 고의가 아닌 작은 [아내의] 잘못은 그대로 지나치는 것이 적합한 일이다. 그러나 만일 그녀가 무지 때문에 실수를 했다면, 두려움을 갖지 않고 수치심이나 치욕을 느끼지 않도록 충고를 해준다. [그녀의 잘못에 대해] 무관심해서는 안 되고 엄격해서도 안 된다. 확실히 창녀의 정부(情夫)에 대한 생각에는 그런 감정이 있을

---

237 아내 외의 다른 곳에서 얻은 법적 아이가 아닌 서자(庶子)를 말한다.

238 텍스트는 reverentia uiro debetur('남편에게는 경의를 표해야 한다')가 아닌 A사본의 attendum estuiro를 읽는다. 아내만이 남편의 의견을 존중해야 한다는 것이 저자의 주장이라고 생각하기 어렵기 때문이다.

수 있지만, 자유인 아내 자신의 남편에 대한 생각에는 경외와 조심성을 갖춘 사랑과 두려움이 있어야 한다. 두려움에는 두 종류가 있다. 하나는 경외와 조심성을 수반하는 것이며, 예를 들어 사려 깊고 성실한 아들이 아버지에 대해 145 혹은 질서정연한 시민이 자비로운 통치자에 대해 가지는 것이고, 다른 하나는 바로 적의와 증오를 수반하는 것이며, 마치 노예가 주인에 대해 혹은 부정의하고 불공평한 참주에 대해 시민들이 품는 것이다.

이 모든 선택지 중에서 더 나은 선택을 함으로써, 아내를 자신의 의견에 일치시키고 충성심과 애정을 자신의 것으로 만들어야 한다. 그러면 아내는 남편이 있든 있지 않든, 남편이 한쪽 구석에 있는 경우와 항상 조금도 다르지 않게 자신들이 공통의 이익을 관리하는 것처럼 생각할 것이고, 남편이 없을 때 아내는 자신의 남편 이상으로, 그녀에게 좋은 사람도, 상냥한 사람도, 진정으로 자신의 것인 사람도 아무도 없다는 것을 깨닫게 될 것이다. 그녀는 처음부터 그런 태도를 분명히 보여 주고, 설령 그런 일에는 초보자일지라도 공통의 이익에 항상 눈을 돌릴 것이다. 그리고 만일 그가 스스로 자신을 최대한 지배하게 된다면, 아내의 모든 삶의 최선의 지도자가 될 것이고, 그녀도 그를 본받도록 가르칠 것이다. 호메로스도 조심성 없는 애정이나 두려움에 결코 영예를 주지 않았으며, 곳곳에서 사랑에는 절도와 조심성이 어울리게 했으며, 두려움에 대해서는 헬레네가 프리아모스에게 다음과 같이 말했다고 한다. "저에게는 무섭지만 경외해야 할 무서운 분입니다. 가장 사랑하는 시아버지 어른께서는."[239] 이는 그녀의 사랑에는 두려움과 조심스러움이 깃들어 있다는 것과 다름없는 것이다. 또한 오뒷세우스가 나우시카아에게 다음과 같이 말하고 있다. "공주님, 당신에게 제가 망연자실하게 되어 경외스러운 생각이 드는 거예요."[240] 즉 호메로스는 남편과 아내가 그렇게 느낀다면 모두가 잘 살 수 있다고 생각하고, 그들이 서로에 대해 그런 감정을 가진다고 믿는다. 사실 누구도 지독하게 비열한 인간을 결코 사랑하지 않으며, 칭찬하지 않으며, 또 조심스럽게 두려워할 것도 없다. 그러한 감정은 훌륭한 사람들이나 고상한 사람들이 서로를 나누고, 심지어 열등한 사람들이 자신보다 나은 사람을 알게 될 때 갖는 것이다. 그런 태도를 페넬로페에 대해 계속 갖고 있었기 때문에, 오뒷세우스는 그 부재중에서도[241] 잘못을 저지르는 일이 없었던 반면, 아가멤논은 크뤼세이스 때문에 자신의 아내에 대해 죄를 지었다.[242] 즉 집회장에서 이 포로 여자가 고귀한 태생도 아니고, 게다가 이민족인데도 그 탁월한 점에서 [자신의 아내] 클뤼타임네스트라에 조금도 뒤지지 않는다고 말한 것이다.[243] 이것은 결코 어울리는 말이 아니며, 146 그녀에게서 자신의 아이를 얻어 놓고 다른 여자와 함께하는 것은 전혀

---

239 호메로스, 『일리아스』 제3권 172행.
240 호메로스, 『오뒷세이아』 제6권 168행.
241 즉 '방랑하는 동안에도'.
242 아폴론 신관의 딸 크뤼세이스를 그녀의 아버지에게 넘겨주는 문제로, 아킬레우스와 아가멤논 사이에서 여성을 놓고 벌어진 다툼에 관해서는 호메로스의 『일리아스』 제1권 참조.
243 호메로스, 『일리아스』 제1권 111~115행.

옳은 일이 아니었다. 사실 어떻게 그게 맞을 수 있을까, 방금 억지로 자기 첩으로 삼은 지 얼마 안 됐고, 그 여자가 자기한테 어떻게 굴지도 알기 전인데? 이에 대해 오뒷세우스는 아틀라스의 딸[244]이 그에게 자신과 함께 살기를 바라며 영원히 사는 불사의 몸으로 만들 것을 약속했지만, 자신이 불사하기 위해 아내의 친절과 애정과 충성을 배반하는 일은 굳이 하지 않았고, 설사 불사를 얻더라도 자신이 나쁜 자가 되면 오히려 그것은 자신에게 주어지는 가장 큰 벌이라고 보았다.[245] 즉 동료들을 돕기 위해서가 아니라면, 키르케와 동침하는 것을 원치 않았을 것이고,[246] 오히려 그는 비록 거친 땅이지만 자신의 조국을 볼 수 있다면 그보다 더 좋을 것이 없다고 그녀에게 대답했으며,[247] 사는 것보다 자신의 아내와 아이를 보고 죽기를 바랄 정도로 아내에 대한 자신의 충성심을 굳게 지켰다. 그리고 그 대신 그는 아내에게서도 똑같은 충성을 받은 것이다.

---

244 여신 칼립소. 호메로스, 『오뒷세이아』 제5권 13~281행, 제7권 244~266행 참조.

245 부정의한 인간이 행복할 수 없다는 논의는 플라톤의 『고르기아스』 472C 아래 참조.

246 호메로스, 『오뒷세이아』 제10권 297행, 336~347행.

247 이 말은 키르케가 아니라, 칼립소에 대해 오뒷세우스가 말한 내용이다. 호메로스, 『오뒷세이아』 제5권 215~220행 참조. 아마 기억에 의존해 말한 것이라, 아리스토텔레스를 비롯한 고전 문학자들도 가끔 틀리는 경우가 있다.

제4장 부부의 일치와 행복

시인은 또, 오뒷세우스가 나우시카아에 대한 이야기에서[248] 결혼한 남편과 아내의 존중에 기초한 유대감에 가장 높은 명예가 있음을 밝히고 있다. 즉 그는 신들이 그녀에게 남편과 집과 남편과의 최선의 일치를 주고 그것이 다름 아닌 좋은 것이 되기를 기도한 것이다. 왜냐하면 그가 말하기를 인간에게 남편과 아내가 한마음으로 자신들의 의지로 집을 꾸리는 것보다 더 큰 좋음은 없기 때문이다. 이로부터 더욱 분명한 것은 시인이 칭찬하고 있는 것은 서로의 악에 대해 서로 복종하는 일치가 아니라, 마음과 지성이 올바르게 결합된 일치이며, 그것이 바로 "자신들의 의지로 집을 경영하는 것"이란 의미다. 더욱이 그가 계속 말하기를, 이러한 부부의 사랑이 발견될 경우에는 적의를 품는 사람들 사이에는 큰 슬픔이 생기고, 친구들 사이에는 참으로 큰 기쁨이 생기는 것이며, 그것이 분명히 진실을 말하고 있다는 것은 당사자들이 가장 잘 알 수 있다. 남편과 아내가 인생에서 최선의 일에 대해 일치하는 경우에는, 각자의 친구들 의견도 서로 일치하는 것은 필연적이기 때문이다. 그래서 더 큰 힘이 생겨 적의를 품는 사람들에게는 두려움을 주고, 자신들에게는 이익을 가져다줄 것이다. 그러나 당사자들에게 불화가 생길 경우에는 147 그들의 친구들에게도 불일치가 생기고, 그

---

248 호메로스, 『오뒷세이아』 제6권 180~185행.

래서 힘이 약해져 그들 자신이 그런 상황에 가장 시달리게 될 것이다.

이 모든 것에서 시인이 남편과 아내에게 어떤 악도 부끄러운 일도 서로 자제하도록 하고, 그와는 반대로 조심스럽고 옳은 일을 하기 위해 관대하게[249] 서로 섬기라고 가르치고 있음은 명백하다. 첫째, 그들은 부모님에 대한 보살핌을 열심히 해야 하며, 남편은 자신의 부모님 못지않게 장인과 장모에 대해, 반면 아내는 시부모에 대해 똑같이 노력해야 한다. 다음으로 아이들, 친구들, 재산, 집 전체에 대해 마치 그것들이 공통의 재산인 것처럼 돌봐야 하며, 그것들이 서로 공통의 복리에 어느 쪽이 더 기여하는지, 어느 쪽이 더 나은지, 더 옳은지 경쟁해야 하며,[250] 오만을 버리고 겸손하고 온화한 방식으로 올바르게 지배해야 한다. 노년에 이르러 모든 의무와 젊은 시절에 가끔 있었던 강한 욕망과 쾌락에 대한 여러 가지 인식으로부터 해방되면, 그들은 아이들의 물음에, 그들[251] 중 어느 쪽이 집안에 더 많은 좋음을 가져다주었는지를 대답할 수 있을 것이고, 나쁜 것이 한 번 닥쳐오는 운이라면, 좋은 것은 덕에 의해 온다는 것을 깨달을 것이다. 그러한 물음에서 승리를 거둔 자는 핀다

---

249 indifferenter를 '관대하게'로 번역하는 것은 다소 확대해석이라고 하겠지만, 암스트롱도 adiaphorōs(구분 없이)라는 헬라스어를 추정해 부부가 서로 구별 없이 '이기주의'를 갖지 않는다는 뜻으로, 역어로는 unselfishly를 사용하고 있다(Wartelle).

250 여기에도 아리스토텔레스학파의 '가정론'으로부터의 발전과 윤리상의 진전을 볼 수 있다 (Wartelle).

251 아이와 부모? 부모 중 어느 쪽? 부모 중 하나가 아니라 자녀와 부모를 가리키는 것으로 해석한다.

로스가 다음과 같이 말하듯이[252] 신들로부터 최고의 보답을 받을 것이다.

"달콤한 희망으로 그 사람의 마음은 채워지고,
무엇보다 변덕스러운 인간의 마음을 이끌다."

　　다음으로 그의 자녀들로부터 노년의 보살핌을 행복하게 받게 될 것이다. 따라서 개인적으로도 공동체에서도 모든 신들과 인간에 대해 평생 동안 올바른 배려를 할 필요가 있으며, 자신의 아내나 자녀, 부모에게는 특히 큰 배려가 필요하다.

252　핀다로스(기원전 518년~기원전 438년), 「단편」 214 Snell. 플라톤, 『국가』 제1권 331A에서 이 시구의 부정확한 인용.

참 고
문 헌

원전

Armstrong, G. C., *Aristotle, Oeconomica*, Loeb Classical Library, London/Cambridge, Mass, 1935.

Bekker, I., *Aristotelis Opera*, 4 vols. Berlin, 1831~1870.

van Groningen, B. A., *Aristote, Le Second livre de l'Economique*, Leiden, 1933.

van Groningen, B. A., et A. Wartelle, *Aristote, Économique*, Paris, 1968.

Schneider, J. G., *Anonymi Oeconomica, quae vulgo Aristotelis falso ferebantur*, Leipzig, 1815.

Susemihl, F., *Aristotelis quae feruntur Oeconomica*, Leipzig, 1887.

번역과 주석, 해설서

Andreades, A. M., *A History of Greek Public Finance*, Vol. I, revised edition, translated by C. N. Brown. Cambridge, Mass, 1933.

Baloglou, C. P., "The Tradition of Economic Thought in the Mediterranean World from the Ancient Classical Times Through the Hellenistic Times Until the Byzantine Times and Arab-Islamic World." *In Handbook of the History of Economic Thought*: Insights on the Founders of Modern Economics, ed. J. G. Backhaus. New York, 2012.

Blažek, P., *Die mittelalterliche Rezeption der aristotelischen Philosophie der Ehe: Von Robert Grosseteste bis Bartholomäus von Brügge*(1246/1247-1309), Leiden, 2007.

Camerarius, J., *Politicorum et Oeconomicorum Aristotelis Interpretationes et Explicationes accuratae*, Francfurt, 1581.

Copenhaver, B. P., and C.B. Schmitt, *Renaissance Philosophy* (A History of Western Philosophy 3), Oxford, 1992.

Forster, E. S., *Oeconomica* (The Works of Aristotle 10), Oxford, 1921.

Franceschini, E., "Ricerche e studi su Aristotele nel Medioevo latino." *Rivista di filosofia neo-scolastica* 48, 144-166, 1956.

Goldbrunner, H., "Durandus de Alvernia, Nicolaus von Oresme und Leonard Bruni, Zu den Übersetzungen der pseudo-aristotelischen Ökonomik." *Archiv für Kulturgeschichte* 50, 200-239, 1968.

Goldbrunner, H., "Translatio Durandi," *Archiv für Kulturgeschichte* 50, 235-239, 1968.

Grabmann, M., *Guglielmo di Moerbeke O. P. il traduttore delle opere di Aristotele* (Miscellanea historiae pontificiae 11), Roma, 1946.

Hansen, M. H., *The Athenian Democracy in the Age Demosthenes*, Oxford, 1989.

Jensen, C., Philodemi, *ΠΕΡΙ ΟΙΚΟΝΟΜΙΑΣ: qui dicitur libellus*, Leipzig, 1906.

Kronenberg, L., *Allegories of Farming from Greece and Rome: Philosophical Satire in Xenophon, Varro and Virgil*, Cambridge/New York, 2009.

Lacombe, G., *Aristoteles Latinus, codices descripsit Georgius Lacombe*, Roma, 1939.

Laurenti, R., *Studi sull'Economico attribuito ad Aristotele*, Milano, 1968.

Leshem, D., "Retrospectives: What Did the Ancient Greeks Mean by Oikonomia?" *Journal of Economic Perspectives* 30(1), 225-238, 2016.

Mandonnet, P., "Guillaume de Moerbeke, traducteur des Économiques (1267)," *Archives d'Histoire doctrinale et littéraire du Moyen Age* 8, 9-28, 1933.

Mauro, S., *Aristotelis Opera, quae extant omnia, brevi paraphrasi, ac litterae perpetuo inhaerente explanatione illustrata*, Roma, 1668.

Meikle, S., *Aristotle's Economic Thought*, Oxford, 1995.

Menut, A. D., Maistre Nicole Oresme: Le Livre de economique d'Aristote (*Transactions of the American Philosophical Society*, N.S. 47, Part 5), Philadelphia, 1957.

Moraux, P., *Les listes anciennes des ouvrages d'Aristote*, Louvain, 1951.

Nagle, D. B., *The Household as the Foundation of Aristotle's Polis*, New York, 2006.

Nevett, L. C., *House and Society in the Ancient Greek World*, Cambridge, 1999.

Pomeroy, Sarah B., *Xenophon. Oeconomicus: A Social and Historical Commentary*, Oxford, 1994.

Roscalla, F., "La dispensa di Iscomaco. Senofonte, Platone e l'amministrazione della casa," *Quaderni di Storia* 31, 35-55, 1990.

Rose, V., *Aristoteles Pseudepigraphus*, Leipzig, 1863.

Rose, V., *Aristotelis qui ferebantur librorum fragmenta*, Leipzig, 1886.

Rose, V., *De Aristotelis librorum: ordine et auctoritate: commentatio*, Berlin, 1854.

Seaford, R., *Money and the Early Greek Mind; Homer, Philosophy, Tragedy*, Cambridge, 2004.

Singer, Kurt. "Oikonomia: An Inquiry into Beginnings of Economic Thought and Language," *Kyklos* 11, 29-57, 1958.

Soudek, J., "The genesis and tradition of Leonardo Bruni's annotated Latin version of the (Pseudo) Aristotelian Economics," *Scriptorium* 12, 260-268, 1958.

Susemihl, F., *Aristotelis Politicorum libri octo: cum vetusta translatione Guilelmi de Moerbeka*, Leipzig, 1872.

Susemihl, F., *Geschichte der griechischen Litteratur in der Alexandrinerzeit*, Bd. I. Leipzig, 1891.

Swain, S., *Economy, Family, and Society from Rome to Islam: A Critical Edition, English Translation, and Study of Bryson's Management of the Estate*, Cambridge, 2013.

Tricot, J., *Aristote, Les économiques. nouvelle traduction avec introduction et notes*, Paris, 1978.

Tsouna, V., *Philodemus, On Property Management*(Writings from the Greco-Roman World 33), Atlanta, 2012.

Tsouna, V., *The Ethics of Philodemus*, Oxford, 2007.

Victor, U., *[Aristoteles] Oikonomikos: Das erste Buch der Okonomik - Handschriften, Text, Übersetzung und Kommentar - und seine Beziehungen zur Okonomikliteratur*, Konigstein im Taurus, 1983.

Wilhelm, F., "Die Oeconomica der Neupythagoreer Bryson, Kallikratidas, Periktione, Phintys," *Rheinisches Museum für Philologie*, Neue Folge 70, 161~223, 1915.

Zoepffel, R., Aristoteles, *OIKONOMIKA, Schriften zu Hauswirtschaft und Finanzwesen*, Berlin, 2006.

디오게네스 라에르티오스, 『유명한 철학자들의 생애와 사상』, 김인곤 외 옮김, 나남, 2021.

아리스토텔레스, 『니코마코스 윤리학』, 김재홍 옮김·주석, 미간행.

아리스토텔레스, 『대도덕학』, 김재홍·장미성 옮김·주석, 그린비, 출간 예정.

아리스토텔레스, 『아리스토텔레스 정치학』, 김재홍 옮김·주석, 그린비, 2023.

크세노폰, 『크세노폰의 향연·경영론』, 오유석 옮김, 작은이야기, 2005.

플라톤, 『플라톤의 국가·정체』(개정증보판), 박종현 옮김, 서광사, 2005.

플라톤, 『플라톤의 법률』, 박종현 옮김, 서광사, 2009.

찾 아
보 기

숫자는 벡커판 페이지를 나타낸다. 벡커판에 없는 제3권은 페이지 숫자다. 아래의 찾아보기는 인명과 지명을 포함한 목록으로 번역 대본인 바르텔(Wartelle, 1968)의 '색인'을 참조했다.

지은이 **아리스토텔레스** 기원전 384-322년

그리스 북동부 칼키디케 반도 스타게이로스(Stageiros) 출생. 별칭으로 '스타게이로스의 사람'으로 불렸다. 마케도니아의 왕 아뮌타스 3세의 시의(侍醫)였던 아버지 니코마코스 덕에 어린 시절 펠라의 궁전에서 수준 높은 교육을 받으면서 성장했다. 17세가 되던 기원전 367년 아테네로 간 그는 플라톤의 아카데미아에 들어가 플라톤이 죽는 347년경까지 20년 동안 플라톤 문하에서 학문에 정진한다.

플라톤이 죽고 그의 조카 스페우시포스가 아카데미아의 새 원장이 되자 몇몇 동료와 아테네를 떠난 아리스토텔레스는 기원전 342년 마케도니아의 필립포스 왕에 의해 그의 아들 알렉산드로스의 교육을 위탁받은 것으로 추정되기도 한다. 알렉산드로스가 아시아 원정을 준비하던 335년 아테네로 돌아온 그는 아폴론 신전 경내에 뤼케이온이라는 학원을 설립한다. 기원전 323년 알렉산드로스 대왕이 죽고, 아테네에 반 마케도니아 기운이 감돌기 시작하자 아리스토텔레스는 아테네를 떠나 어머니의 고향 칼키스로 갔고, 이듬해에 세상을 떠난다.

그의 저술들을 주제별로 정리하면 다음과 같다. 논리학적 저작으로 『범주론』, 『명제론』, 『분석론 전서』, 『분석론 후서』, 『토피카』, 『소피스트적 논박에 대하여』 등이, 이론 철학적 저작으로 『자연학』, 『형이상학』, 『혼에 대하여』 등이, 실천 철학적 저술로 『니코마코스 윤리학』, 『정치학』, 『에우데모스 윤리학』, 『대도덕학』 등이 전해진다. 또한 언어학적 철학 저작인 『수사술』과 예술 이론적 저작인 『시학』이 전승되었고, 생물학 관련 작품으로 『동물 탐구』, 『동물의 부분들에 대하여』, 『동물의 운동에 대하여』 등도 전해진다.

옮긴이·주석 **김재홍**

숭실대학교 철학과 졸업. 같은 대학교 대학원에서 서양고전 철학 전공, 1994년 「아리스토텔레스의 학문방법론에서의 변증술의 역할에 관한 연구」로 철학박사 학위 취득. 캐나다 토론토대학교 '고중세 철학 합동 프로그램'에서 철학 연구(Post-Doc). 가톨릭대학교 인간학연구소 전문연구원, 서울대학교 철학사상연구소 선임연구원 역임. 가톨릭관동대학교 연구교수를 거쳐 전남대 사회통합지원센터 부센터장을 지냈으며, 현재 정암학당 연구원이 있다.

저서 『그리스 사유의 기원』, 『왕보다 더 자유로운 삶』, 『아리스토텔레스 정치학』 등. 역서 『자기 자신에게 이르는 것들』, 『에피테토스 강의 1·2』, 『에픽테토스 강의 3·4, 엥케이리디온, 단편』, 아리스토텔레스의 『토피카』, 『소피스트적 논박에 대하여』, 『니코마코스 윤리학』 등.

고전의 숲 08
아리스토텔레스 가정경제학

초판1쇄 펴냄 2024년 8월 12일

지은이 아리스토텔레스
옮긴이 · 주석 김재홍
펴낸이 유재건
펴낸곳 (주)그린비출판사
주소 서울시 마포구 와우산로 180, 4층
대표전화 02-702-2717 | **팩스** 02-703-0272
홈페이지 www.greenbee.co.kr
원고투고 및 문의 editor@greenbee.co.kr

편집 이진희, 구세주, 정미리, 민승환, 원영인 | **디자인** 이은솔, 박예은
물류유통 류경희 | **경영관리** 이선희

ISBN 978-89-7682-872-9 93190

독자의 학문사변행學問思辨行을 돕는 든든한 가이드 _(주)그린비출판사